Walther Ziegler

Hegel
en 60 minutes

traduit par
Brunot Rousselet

Merci à Rudolf Aichner pour son infatigable travail de rédaction critique, à Silke Ruthenberg pour la finesse de son graphisme, à Angela Schumitz, Lydia Pointvogl, Eva Amberger, Christiane Hüttner, Dr. Martin Engler pour leur relecture attentive, et à Eleonore Presler, docteur en philosophie, qui a effectué une dernière relecture linguistique et scientifique du texte français. Je remercie aussi monsieur le Professeur Guntram Knapp à qui je dois ma passion pour la philosophie.

Je tiens à remercier tout particulièrement mon traducteur

Bruno Rousselet

Lui-même philosophe, il a traduit en français, avec soin et précision, mon texte allemand, le complétant là où nécessaire de passages adaptés spécifiquement aux besoins des lecteurs et lectrices francophones.

Informations bibliographiques de la Bibliothèque nationale de France :
Cette publication est référencée dans la bibliographie nationale de la Bibliothèque nationale de France.
Les informations bibliographiques détaillées sont disponibles sur internet : www.bnf.fr
© 2019 Dr. Walther Ziegler

Première édition janvier 2019
Conception graphique du contenu et de la couverture: Silke Ruthenberg avec des illustrations de:
Raphael Bräsecke, Creactive - Atelier de publicité, bande dessinée & d'illustrations (dessins)
© JackF - Fotolia.com (cadres)
© Valerie Potapova - Fotolia.com (cadres)
© Svetlana Gryankina - Fotolia.com (bulles entourant les citations)
Édition: BoD – Books on Demand, 12/14 rond-point des Champs Élysées, 75 008 Paris
Impression: BoD – Books on Demand, Norderstedt, Allemagne

ISBN 9782-3-2210-965-4
Dépôt légal : janvier 2019

Table des matières

La grande découverte de Hegel   7

La pensée centrale de Hegel   23

   Dialectique – le moteur de la pensée   23

   Le triple sens de « Aufhebung »   27

   La logique du devenir   31

   La dialectique du maître et de l'asservi   38

   Le mouvement dialectique de l'Histoire universelle   51

   Dieu comme Esprit du monde se déployant   62

   La ruse de la raison   67

   Le but ultime de l'Histoire   73

À quoi nous sert aujourd'hui la découverte de Hegel ?   86

   Y a-t-il une raison dans l'Histoire ou l'Esprit du monde a-t-il fait son temps ?   86

   Penser dialectiquement, c'est penser de façon critique   91

   La vie est changement   98

   Hegel pour managers   103

   Dépasser Hegel avec Hegel   106

Index des citations   **111**

La grande découverte de Hegel

Hegel (1770-1831) est l'un des plus importants philosophes du monde. De son vivant déjà, il exerçait une incroyable fascination sur ses contemporains. Des intellectuels de toute l'Europe se rendaient à Berlin pour voir le célèbre professeur. Ses cours magistraux étaient légendaires, malgré que son apparence physique et verbale fût plutôt rébarbative. Il avait les traits du visage anguleux, les coins des lèvres qui retombaient, le regard grave et franchement perçant. Son langage n'était pas moins acerbe. Aucun autre penseur n'a jamais écrit de manière aussi austère, abstraite et percutante.

Cela suscitait l'admiration chez ses adeptes, la colère et l'indignation chez ses adversaires. Schopenhauer, contemporain de Hegel, était exaspéré par le langage compliqué devenu à la mode chez les philosophes universitaires. Il les traitait d'ergoteurs et Hegel du pire de tous : « Pourtant on n'était pas encore au comble de l'impudence ; il restait des non-sens plus indigestes à nous servir, du papier à barbouiller avec des bavardages plus vides et plus extravagants encore réservés jusqu'alors aux seules maisons de fous : Hegel parut enfin [...]. » [2] À propos des livres de Hegel, le fameux philosophe de la culture américain Durant a écrit : « Ce sont des chefs-d'œuvre d'obscurité. » [3]

Hegel n'avait donc pas que des amis. Après sa mort, il fut interprété de manière extrêmement diverse, notamment en raison de son langage abstrait et ambigu. Certains le considéraient comme un philosophe d'État prussien et un réactionnaire, d'autres comme un réformateur social visionnaire, d'autres encore comme un mystique. Aujourd'hui, son œuvre fait toujours débat.

Toutefois, une chose est certaine : quel que soit le caractère abstrait de ses écrits, il fit une découverte formidable. Le premier, il perçut la dimension du « devenir » dans toute son ampleur. Il peut être qualifié de Charles Darwin de la philosophie.

Car tout, selon Hegel, est en perpétuel mouvement. La vie humaine revêt tout autant un caractère processuel que la nature et l'Histoire. Tout être humain est d'abord un nourrisson, devient enfant, adolescent et finalement adulte. L'Histoire de l'humanité aussi ne cesse d'évoluer, depuis les commencements les plus simples. Les époques se succèdent les unes aux autres. De nouveaux États voient le jour, les lois sont sans cesse adaptées aux temps nouveaux. Même la justice ne jouit pas d'une validité intemporelle : elle est vouée à changer sans cesse. Ce qui semblait juste autrefois est souvent considéré comme une injustice aujourd'hui. La vérité elle-même, à savoir ce que les humains estiment vrai et objectif, change au cours de l'Histoire.

Ainsi, dans l'Antiquité, Aristote considérait que l'esclavage était tout à fait naturel et juste. Il classait les esclaves au rang de « ta onta », d'objets domestiques. De nos jours, l'esclavage est interdit et puni au titre de séquestration. C'est pourquoi Hegel tire la conclusion radicale que même la vérité n'est pas un idéal intemporel, mais un processus vivant.

Tout – absolument tout – est en perpétuel mouvement : les convictions, la morale, la justice, le droit, les lois et même l'art, la musique ou l'architecture. Si l'on recherche la vérité, on ne peut selon Hegel considérer une simple phase de développement comme étant la vérité absolue : il convient au contraire de saisir l'ensemble du processus. Hegel résume bien cette idée dans une phrase devenue célèbre :

> Le vrai est le Tout. Mais le Tout n'est que l'essence s'accomplissant définitivement par son développement. ⁴

Lorsque nous parlons aujourd'hui de « l'esprit du temps », ou d'« air du temps » (Zeitgeist en allemand), cela remonte à la grande découverte de Hegel selon laquelle chaque époque possède un esprit bien défini qui pénètre tout. Cet esprit du temps change au cours de l'Histoire et ne cesse de prendre des formes nouvelles. Mais il forge, pour un intervalle de temps donné, la pensée d'une époque. L'absolutisme par exemple, avec un prince tout puissant à la tête de l'État, représentait une telle forme d'esprit. Aujourd'hui, en Europe, ce serait sans doute le pluralisme démocratique. Dans la pensée directrice d'une époque ou, comme l'exprime Hegel, dans son principe directeur, se reflètent la compréhension et la conscience que les humains ont d'eux-mêmes. Ce faisant, l'Esprit universel, ou Esprit du monde (Weltgeist), réalise le principe correspondant de l'échelon historique en une multitude de tendances et de manifestations. Dans l'absolutisme par exemple, les nobles portaient des perruques blanches et des corsages, allaient à l'opéra, écoutaient Vivaldi, Händel et Mozart, construisaient des châteaux baroques avec des salles de glaces, des jardins à la française et des fontaines à cascades. Hegel affirme :

> L'esprit a élaboré et étendu le principe du degré déterminé de la conscience de lui-même, chaque fois dans *toute sa richesse multiple*. C'est un esprit riche, l'esprit d'un peuple, une organisation, une cathédrale qui présente une foule de chapelles, de galeries, de colonnades, de portiques, de divisions [...]. ⁵

Il s'agit donc selon Hegel d'un esprit très riche puisqu'il ne comprend pas seulement la mode vestimentaire, les tendances ou les meubles en vogue à un moment précis, mais aussi la musique, la peinture, l'architecture, la constitution de l'État et même la philosophie d'une époque donnée. C'est pourquoi Hegel parle, à propos de ces divers instantanés, de formes d'esprit individuelles qui sont produites par l'humanité au cours de l'Histoire :

[C]ar [chaque moment] est lui-même une figure individuelle complète [...]. ⁶

La forme d'esprit du romantisme est par exemple toute autre que celle du gothique ou du baroque ; la forme d'esprit de l'absolutisme est autre que celle des Lumières. Quand nous considérons des temples, des statues ou des images d'époques passées, nous pouvons généralement les attribuer facilement à une époque donnée. Même sans être historiens d'art, nous savons par exemple que l'Acropole avec ses colonnes de marbre fait partie de la forme d'esprit de l'Antiquité grecque, ou qu'un château des croisades relève de la forme d'esprit du féodalisme chrétien du Moyen Âge.

Jusque-là, la découverte de Hegel relative à la dimension du « devenir » paraît encore assez simple et tout à fait recevable. Car qui contesterait le fait qu'il y a toujours eu dans l'Histoire quelque chose comme un esprit du temps, ou différentes formes d'esprit ou époques ?

Mais Hegel ne s'arrête pas là. Il fait également une autre découverte lourde de conséquences. Les différentes formes d'esprit, affirme-t-il, ne s'enchaînent nullement de façon arbitraire ou par simple hasard, mais suivent au contraire un principe de mouvement logique appelé dialectique. Hegel compare tout d'abord la succession logique des formes d'esprit dans l'Histoire avec la croissance d'une plante. En effet, les phases de croissance de la plante ne sont pas de simples transformations aléatoires et dénuées de sens, mais suivent un principe interne et ont un but défini, même si celui-ci n'apparaît pas d'emblée.

La plante ne se perd pas dans un développement arbitraire. […] Le germe éprouve le besoin de se développer. […]

> Il se produit des choses diverses ; mais tout était déjà renfermé dans le germe, quoique invisible et idéellement. Cette production au-dehors, cette évolution a un terme, une fin prédéterminée, un dernier point de développement, qui est le fruit [...]. ⁷

Tout comme la plante est d'abord graine et germe, puis produit feuilles et fleurs avant de déployer finalement le fruit, l'Histoire de l'humanité suit elle aussi une logique interne. Une forme jaillit de la précédente. C'est ce jaillissement que Hegel appelle dialectique.

Néanmoins, la dialectique n'est pas simple croissance et déploiement harmonieux de forces, mais progresse par crises et contradictions. Le passage d'une phase de vie à une autre revêt souvent, dans la conception de Hegel, une dimension dramatique. Tout comme l'enfant qui, arrivé à la puberté, ne veut subitement plus être un enfant que l'on dirige et se met dès lors à tout refuser et à mettre en question ce que les adultes lui dictent, l'Histoire universelle connaît elle aussi crises, conflits et contradictions lorsque survient un changement d'époque. Pour Hegel, la contradiction, soit une inadéquation ressentie par le peuple ou l'individu, n'a en soi rien de mal, c'est au contraire quelque chose de tout à fait bénéfique :

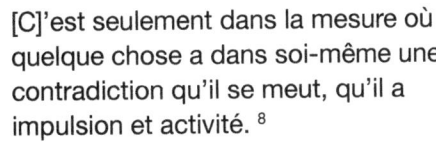

[C]'est seulement dans la mesure où quelque chose a dans soi-même une contradiction qu'il se meut, qu'il a impulsion et activité. 8

Par exemple, si une époque historique porte en elle des contradictions, que beaucoup de gens sont insatisfaits de la société et de leur propre situation, une révolte spirituelle et matérielle se produit. L'ordre ancien se met à chanceler et finit par être remplacé par un ordre nouveau. Prenons par exemple la Révolution française, passage de l'absolutisme aux Lumières.

À partir de la résistance contre la noblesse, le droit divin, le féodalisme et le servage, une nouvelle forme d'esprit émerge peu à peu, la forme d'esprit des Lumières et du rationalisme. L'idée religieuse et mystique de la domination divine du Roi et du sang bleu de la noblesse fait place à l'idée rationnelle de souveraineté du peuple et d'égalité entre les êtres humains.

Hegel était très impressionné, surtout dans sa jeunesse, par les idées radicales de la Révolution française et sentait que toute l'Histoire européenne s'était mise en mouvement sous la contradiction de l'esprit des Lumières des révolutionnaires français :

> Tout l'état de la France à cette époque consiste en un amas confus de privilèges contraires à toute idée et à la raison en général, […] un règne d'injustice […]. L'esprit nouveau devint actif […]. Le changement fut nécessairement violent parce que la transformation ne fut pas entreprise par le gouvernement. […] La pensée, le concept du droit se fit *tout d'un coup* valoir et le vieil édifice d'iniquité ne put lui résister. […] C'était donc là un superbe lever de soleil. ⁹

Ce bouleversement dialectique, Hegel le qualifie de superbe lever de soleil. Cependant il n'y a pas que les grandes révolutions qui font avancer à chaque fois un peu plus l'humanité ; les petites contradictions et mutations y contribuent également. Dans la conception de Hegel, une forme d'esprit, mue par la raison dialectique, succède ainsi à la précédente en allant au-delà de la forme précédente. Hegel parle, eu égard à l'Histoire de l'humanité, de tout un royaume des esprits :

> Le royaume des esprits [...] constitue une succession dans laquelle un esprit a pris le relais de l'autre et où chacun a pris en charge du précédent le royaume du monde. [10]

C'est à même ses contradictions que progresse l'esprit. Au départ, il y a toujours une thèse, c'est-à-dire l'idée directrice, puis une contradiction ou, comme le dit Hegel, une antithèse, et finalement une synthèse, nouvelle forme d'esprit qui dépasse la contradiction entre les deux premiers termes. Au bout d'un certain temps, cette synthèse devient elle-même une nouvelle thèse, et le mouvement recommence.

Selon Hegel, même la science vit de thèses, d'antithèses et de synthèses. Pendant des décennies, les humains ont cru que la Terre était plate et que les étoiles étaient suspendues à la voûte céleste. Les marins avaient même peur de tomber en arrivant au bout du monde. Puis certains savants se sont mis à contredire cette croyance en affirmant que la Terre était ronde. Vint alors la synthèse selon laquelle la Terre était ronde, au centre de l'univers, et que les étoiles tournaient autour d'elle. Cette synthèse demeura la thèse en vigueur pendant des siècles jusqu'à ce que Copernic la contredise en affirmant que la Terre ne se trouvait en réalité qu'à la périphérie de l'univers et qu'elle tournait elle-même autour d'un autre corps céleste, le soleil. Nous ne devons donc notre conscience cosmologique de nous-mêmes, notre rationalité et tout le bagage spirituel qui nous appartient ou qui appartient à notre univers, qu'au travail de thèse, d'antithèse et de synthèse de nos prédécesseurs :

Le trésor de raison consciente d'elle-même qui nous appartient, qui appartient à l'époque contemporaine, est [...]

La grande découverte de Hegel

> un héritage, plus précisément le *résultat* [...] du travail de toutes les générations antérieures du genre humain. [11]

Avec la dialectique de la thèse, de l'antithèse et de la synthèse, Hegel n'a pas seulement tenté de formuler la loi du mouvement de la science, de la nature et de l'Histoire du monde. Il est allé encore plus loin en appliquant carrément sa grande découverte du « devenir » à Dieu lui-même.

Selon Hegel, même Dieu n'a d'aucune façon été toujours là, ni créé un beau jour le monde comme c'est dit dans la Bible ; il a fallu qu'il émerge progressivement dans le long travail de l'Histoire universelle. Tout comme les êtres humains, Dieu s'inscrit donc dans une genèse et se trouve en mouvement constant. C'est la raison pour laquelle Hegel, pour mieux exprimer la dimension du devenir, parle non pas de Dieu mais de l'Esprit du monde. Cet Esprit du monde chez Hegel n'est rien d'autre que la somme des diverses formes d'esprit ou époques que l'humanité a traversées au cours de l'Histoire universelle et qu'elle continue de traverser :

> Car cette [H]istoire est la représentation de l'évolution divine, absolue, de l'[E]sprit sous ses formes les plus hautes, de cette progression grâce à laquelle il acquiert la connaissance véritable, la conscience de soi. [12]

Il n'y a donc pas chez Hegel de Dieu éternel et intemporel qui surplombe tout. Pour lui, Dieu est au contraire au milieu et en mouvement perpétuel. L'Esprit du monde hégélien ne se déploie à partir des commencements primitifs les plus simples que dans et à travers les multiples êtres humains au cours de l'Histoire universelle, et acquiert ainsi la connaissance de soi :

> [L]'Esprit universel ne demeure pas en repos. [...] Sa vie est action. [13]

La pensée centrale fulminante et lumineuse de la philosophie de Hegel réside donc en fin de compte dans le fait que l'Esprit du monde divin, l'être humain pensant et l'Histoire universelle ne sont que trois perspectives différentes d'un seul et même mouvement ou, si l'on veut, différents angles de vue d'un seul et même processus de déploiement dialectique de la raison.

Nous sommes tous, selon Hegel, pris dans une gigantesque dynamique de développement qui attire tout dans son orbite. L'Esprit du monde qui vient à soi grandit dans et par les humains de génération en génération au fur et à mesure que nous le faisons progresser par nos pensées et nos actes au cours de l'Histoire universelle. L'humain se divinise en affinant toujours plus sa conscience et son savoir au cours du temps.

Cette nouvelle vision radicale du monde chez Hegel selon laquelle le mouvement dialectique de la raison survient à la fois en Dieu, en l'humain et en l'Histoire soulève bien évidemment toute une série de questions : premièrement, en quoi consiste exactement ce principe de mouvement dialectique qui maintient tout en mouvement, et comment fonctionne-t-il concrètement ? Deuxièmement, est-ce l'Esprit du monde divin ou l'être humain qui détermine le cours de l'Histoire ? Sommes-nous de simples marionnettes de l'Esprit du monde ou les véritables acteurs ? Et troisièmement, où s'achève l'Histoire ? Allons-nous effectivement, en fin de compte, devenir Dieu ?

La pensée centrale de Hegel

Dialectique – le moteur de la pensée

La dialectique est chez Hegel le moteur véritable de toute l'évolution sur Terre. Tel un torrent, elle emporte tout sur son passage – la conscience individuelle de chaque être humain, les évènements qui font époque dans une société entière, et même la nature en tant que telle. Tout suit cette dynamique de thèse, d'antithèse et de synthèse.

Au niveau de l'individu, cela se passe de la façon suivante. D'abord on a une opinion, ensuite une contre-opinion, jusqu'à ce qu'il en résulte quelque chose de tiers qui s'avère exempt de contradiction. Mais cette synthèse sans contradiction sur le troisième plan devient à son tour une nouvelle thèse, et le processus de pensée recommence.

L'être humain, dit Hegel, ne peut faire autrement que de penser dialectiquement. Car depuis la préhistoire, il n'apprend que par erreurs et contradictions et il fait de cette manière des expériences nécessaires à sa survie. Si un homme préhistorique se tordait de douleur au ventre après avoir mangé des amanites tue-mouches, lui et les autres qui l'observaient avec curiosité étaient forcés de tirer les conséquences de cette expérience, à savoir ne plus manger de champignons, ou bien les goûter d'abord en petite quantité jusqu'à avoir appris à distinguer les champignons vénéneux des espèces inoffensives. La thèse de l'homme préhistorique était donc : les champignons ont bon goût et rassasient. L'antithèse : les champignons sont vénéneux et on ne peut en aucun cas les manger. Ce qui aboutit à la synthèse suivante : on peut distinguer entre champignons vénéneux et comestibles et goûter tout à fait à certaines espèces en les sélectionnant avec soin. Dans toutes les autres choses de la vie, selon Hegel, nous devons également renouveler sans cesse notre savoir. Notre vie est donc un long processus de dépassement dialectique.

Notre raison fonctionne toujours en trois temps dialectiques. Qu'il s'agisse d'évènements du quotidien plus ou moins douloureux, de grands progrès scientifiques ou d'expériences de la vie, la dialectique est toujours de la partie. Au demeurant, le résultat d'un processus de pensée dialectique n'est en aucun cas quelque chose d'exclusivement théorique, mais ce que nous qualifions communément d'« expérience » car, selon Hegel :

La pensée centrale de Hegel

> Ce mouvement *dialectique* que la conscience exerce à même soi, aussi bien à même son savoir qu'à même son objet,

> dans la mesure où le nouvel objet vrai en surgit pour elle, est à proprement parler ce qu'on appelle expérience [...]. 14

L'exemple du mangeur de champignons nous permet de bien comprendre cette phrase. Hegel qualifie le mouvement dialectique d'expérience. Au fond, la synthèse qui découle du processus d'apprentissage, aussi douloureuse puisse être l'ingestion de champignons vénéneux, s'avère en fin de compte une expérience précieuse qui profite au comportement nutritif futur. Cet exemple permet aussi de comprendre ce qu'entend Hegel lorsqu'il affirme dans cette citation que « la conscience exerce ce mouvement dialectique à même soi, aussi bien à même son savoir qu'à même son objet », jusqu'au moment où le « nouvel objet vrai en surgit pour elle ». En l'occurrence, l'objet, c'est le champignon. Le mangeur de champignons a faim, évalue l'amanite tue-mouches comme nourriture qui apaise la faim, et lui-même comme cherchant de la nourriture. Après l'expérience douloureuse que l'objet, à savoir le champignon, est vénéneux, le mangeur de champignons modifie aussi bien son savoir sur l'objet que son savoir sur lui-même. En effet, il ne se définit plus lui-même comme être vivant qui est en mesure de digérer tous les champignons, et il définit par précaution la totalité des champignons comme dangereux.

Cependant cette antithèse, cette nouvelle vérité de soi et de l'objet, entre à nouveau en mouvement lorsque lui-même ou d'autres, après avoir goûté à de petites quantités, constatent que tous les champignons ne provoquent pas indigestion et crampes d'estomac, mais seulement certains d'entre eux. De là surgit enfin pour la conscience la troisième vérité sur soi et sur les champignons selon laquelle non pas la totalité des champignons, mais seulement certaines espèces définissables sont vénéneuses et donc impropres à la consommation.

Le triple sens de « Aufhebung »

Le terme « Aufhebung »[1] est utilisé par Hegel dans un triple sens. Une fois que l'on a compris la polysémie de ce terme, on est à même de saisir la magie singulière de la dialectique. Le terme « Aufhebung » a chez Hegel les significations suivantes :

Tout d'abord, le sens de supprimer ou abolir. La contradiction dialectique est dépassée, ce qui signifie tout simplement pour Hegel que la contradiction entre la thèse et l'antithèse est supprimée dans la synthèse. Ainsi, la contradiction entre la thèse « Je peux manger des champignons » et l'antithèse « Je ne peux pas manger de champignons » est supprimée dans la synthèse « Je peux manger certains champignons et d'autres pas ». On pourrait aussi dire que la contradiction entre le savoir supposé du caractère comestible et le savoir consécutif du caractère non comestible a disparu dans le savoir du caractère comestible partiel.

Deuxièmement, « Aufhebung » a aussi le sens de garder, conserver, comme on conserve de vieilles photos de famille, des souvenirs rapportés de voyage ou que l'on garde de la nourriture non consommée :

> « *Aufheben [supprimer]* » a dans la langue [allemande] le double sens suivant : il signifie la même chose que « aufbewahren [garder] », « *erhalten [conserver]* », et, en même temps, la même chose que « aufhören lassen [faire cesser] », « *ein Ende machen [mettre fin]* ». [15]

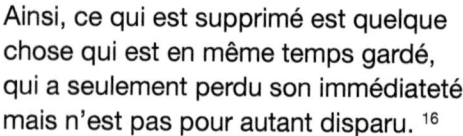

En ce qui concerne la dialectique, la signification de « conserver », « garder », se traduit par le fait que le savoir issu de la thèse et de l'antithèse n'a pas tout simplement disparu dans la synthèse, mais qu'il y est au contraire conservé et mémorisé ou, comme le dit Hegel :

> Ainsi, ce qui est supprimé est quelque chose qui est en même temps gardé, qui a seulement perdu son immédiateté, mais n'est pas pour autant disparu. [16]

Même si l'expérience de l'indigestion et des douleurs d'estomac n'a plus de signification immédiate après quelques années parce que l'on sait distinguer les bons champignons des mauvais, cette expérience n'en est pas pour autant totalement oubliée. Le mangeur de champignons, même s'il sait à présent quelles sortes sont comestibles, a en effet conservé l'expérience douloureuse de la non-comestibilité et sélectionne très soigneusement les champignons qu'il trouve dans la forêt. L'expérience de leur dangerosité demeure donc conservée dans le soin porté au choix des champignons, tout comme demeure conservée l'expérience de la saveur des champignons comestibles.

Troisièmement, « Aufhebung » signifie aussi chez Hegel élever, porter à un plan supérieur, dépasser. En effet, dans la synthèse, le savoir est porté à un degré de conscience plus élevé que dans la thèse et l'antithèse. Il comporte en quelque sorte une vérité plus élevée, car le savoir différencié sur la capacité de distinguer les champignons en fonction de leur comestibilité revêt une importance nettement plus élevée que le savoir initial brut de la comestibilité totale ou de la non-comestibilité totale. Par l'élévation constante du savoir, le degré de connaissance rationnelle s'accroît constamment au cours du processus dialectique. Car tant l'individu que la société font des expériences à des degrés de plus en plus élevés. La dialectique agit dans l'individu, dans l'Histoire universelle et dans la nature. La philosophie systémique de Hegel peut donc se comprendre comme la tentative ambitieuse de concevoir l'ensemble de la réalité comme un processus de déploiement de soi de la raison dialectique. Dans ce processus, la raison suit constamment ses propres expériences et progresse à même ses contradictions :

> [L]a contradiction est la racine de tout mouvement et de toute vitalité ; c'est seulement dans la mesure où quelque chose a dans soi-même une contradiction qu'il se meut, qu'il a impulsion et activité. [17]

Pour Hegel, la logique traditionnelle commet une grosse erreur en sous-estimant toute la force de la contradiction.

La logique du devenir

La logique philosophique classique pose le principe de l'identité : A = A. Mais pour Hegel, ce principe engendre une pensée morte et schématique en ce qu'elle se limite à examiner si un objet concorde ou non avec la catégorie qui lui est assignée. Si A = A, il ne peut logiquement y avoir en même temps A ≠ A. Si Hegel est bien sûr d'accord sur ce point, il exige toutefois une modification décisive de cette façon de penser. Si A = A, A ≠ A ne peut être vrai simultanément, mais peut très bien le devenir – et c'est ce devenir qui importe à Hegel.

L'eau est par exemple liquide, mais elle peut très bien devenir solide ou gazeuse à un certain moment, à savoir si des changements de température se produisent. Le savoir A = A, dans le cas « eau = liquide », peut donc devenir dans l'expérience vivante A ≠ A, et de cette contradiction peut naître un nouveau savoir.

C'est pourquoi Hegel nous enjoint vivement, dans son livre « Science de la logique », de nous affranchir quelque peu de la pensée statique de l'ancienne logique et du principe de l'identité, et de reconnaître la contradiction comme l'élément plus important :

> Mais c'est l'un des préjugés de base de la logique existante jusqu'à présent et de la représentation courante que celui selon lequel la contradiction ne serait pas une détermination aussi essentielle et immanente que l'identité […]. [18]

Si tant est que l'on veuille établir une hiérarchie si artificielle, affirme Hegel, il faut considérer la contradiction comme une détermination plus profonde et plus essentielle que l'identité, car c'est seulement la contradiction qui imprime un mouvement à la pensée humaine :

> [E]n fait, pourtant, s'il était question de hiérarchiser, et si les deux déterminations pouvaient être retenues comme séparées, il faudrait prendre la contradiction pour ce qu'il y a de plus profond et de plus essentiel.

La pensée centrale de Hegel

> Car l'identité [...] est seulement la détermination de l'immédiat simple, de l'être mort ; tandis que la contradiction est la racine de tout mouvement et de toute vitalité [...]. [19]

Déterminer un objet par le principe de l'identité, soit A = A, c'est par conséquent se borner à constater de façon abstraite l'existence ou la non-existence d'une concordance.

Hegel en revanche n'a de cesse de souligner que la négation, c'est-à-dire une inégalité ou une contradiction, permet d'aller plus loin, pour autant que la contradiction ne se limite pas à une non-concordance abstraite mais constitue un écart concret, et donc une contradiction dotée de propriétés. Et cette contradiction concrète et déterminée ne signifie pas que la thèse devienne subitement nulle et non avenue dans sa totalité, mais seulement que des parties de la thèse sont identifiées comme fausses – c'est là que réside le point de départ de tout progrès ultérieur de la science :

> L'unique chose *qui permette l'obtention de la progression scientifique*, c'est la connaissance de la proposition logique énonçant que [...] ce qui se contredit ne se dissout pas en un zéro, dans le néant abstrait, mais, de manière essentielle, seulement en la négation de son contenu *particulier* [...]. [20]

Si je suis par exemple confronté à la contradiction de tomber sur un champignon comestible après avoir consommé plusieurs champignons vénéneux, l'expérience du champignon comestible n'est pas une négation abstraite de la première expérience indiquant que les champignons peuvent être impropres à la consommation, mais constitue seulement la négation déterminée que ce champignon-là en particulier était comestible. Le résultat de cette négation déterminée engendre un savoir également déterminé et plus élevé ou, comme dit Hegel :

La pensée centrale de Hegel

> En tant que l'être résultant, la négation est une négation *déterminée*, elle a un *contenu*. Elle est un nouveau concept, mais le concept plus élevé, plus riche que le précédent […]. [21]

La négation déterminée, c'est-à-dire la contradiction concrète, crée donc la dimension du devenir. Le mouvement de pensée de l'esprit humain et, partant, le déploiement de la raison sont un vertige grisant d'un bout à l'autre, d'une perspective à son contraire, de la thèse à l'antithèse – aucun des deux membres du processus de pensée ne pouvant se soustraire à l'attraction grisante de la progression :

> En sorte que *le vrai* est le vertige bachique, dans lequel il n'est pas un seul membre qui ne soit ivre […]. [22]

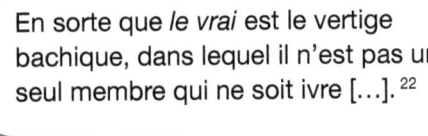

Malgré l'ivresse de ses membres, il ne faut nullement craindre que le processus de pensée ne perde l'équilibre, voire trébuche. Car la tension entre les membres – la thèse et l'antithèse – qui titubent allègrement, qui se détachent en partant dans diverses directions de façon apparemment incontrôlée, est immédiatement supprimée et dépassée à chaque étape par la synthèse perpétuelle, de sorte que, si les deux membres peuvent en effet épuiser les pôles extrêmes de la vérité et sont voués à le faire, il n'en reste pas moins qu'ils servent aussi à nouveau, dans leur dépassement, à assurer la progression simple et tranquille de la pensée :

> En sorte que *le vrai* est le vertige bachique, dans lequel il n'est pas un seul membre qui ne soit ivre, et parce que chaque membre, en se détachant, se dissout aussi immédiatement – ce vertige est tout aussi bien le repos transparent et simple. [23]

Quelle image magnifique que celle utilisée par Hegel pour nous expliquer le mouvement dialectique de la pensée. Il compare effectivement la vérité avec Bacchus, le dieu antique du vin et de l'ivresse qui, titubant avec allégresse, n'en continue pas moins son chemin de façon détendue et tranquille. Notons à ce sujet que Hegel fut souvent admonesté du temps de ses études en raison de son penchant très marqué pour le vin et les jeux de cartes.

La conscience humaine élargit donc son savoir par le vertige bachique des thèses, antithèses et synthèses sans cesse renouvelées. Mais il n'y a pas que la conscience individuelle qui progresse de telle sorte à même ses contradictions. L'Histoire aussi suit cette dialectique, ainsi que l'illustre Hegel dans son exemple célèbre du maître et de l'asservi.

La dialectique du maître et de l'asservi

Dans son ouvrage le plus connu et le plus important en termes de répercussions historiques, la « Phénoménologie de l'esprit », Hegel décrit l'évolution de la conscience de ses origines à aujourd'hui. En six cents pages, Hegel force à nouveau ses lecteurs à retracer étape après étape le déploiement de la pensée depuis ses débuts les plus simples jusqu'au savoir absolu, en présentant à la suite les nombreuses époques et formes d'esprit et en montrant comment chacune surgit de la précédente. Aussi, dans la préface, exige-t-il d'emblée de ses lecteurs de faire preuve de la patience et de l'endurance requises :

[P]arce que l'[E]sprit du monde a eu la patience de parcourir ces formes dans la longue extension du temps, et de prendre sur soi l'énorme travail de l'[H]istoire universelle [...],

> et parce que, au prix d'un non moindre travail, il a pu atteindre à la conscience quant à soi-même, […] l'individu ne saurait assurément […] employer moins de peine à concevoir sa substance. [24]

Dans le premier chapitre de la « Phénoménologie de l'esprit », Hegel décrit le passage de la perception animale à la perception humaine : au départ, il n'y a pas de conscience, mais seulement une certitude sensorielle. La vie, selon Hegel, est essentiellement désir. Toutefois, le désir de la conscience ne se dirige en premier lieu que vers des objets, par exemple des objets de consommation. L'animal demeure à ce stade de la conscience. Lorsqu'il dévore et digère sa nourriture, il acquiert bien par son désir le sentiment de soi, mais pas encore la conscience de soi.

La conscience de soi n'apparaît que lorsque le désir d'un être vivant n'est plus seulement dirigé vers des objets, mais vers le désir d'un autre être vivant. Ainsi, l'amour par exemple tient son essence dans le fait que le désir ne se porte plus seulement vers le corps de l'être aimé, mais vers le désir de l'autre. L'homme qui désire une femme ne trouve pas seulement sa satisfaction dans le beau corps de la femme, mais principalement dans le fait qu'elle aussi ressent un désir pour lui. Autrement dit, ce que recherche l'amant, c'est d'être aimé par l'autre. Le sentiment exaltant de l'amour vient précisément du fait que les deux consciences de soi amoureuses se voient mutuellement avec les yeux des amants et se confirment de cette façon sans restriction dans leur conscience de soi. Hegel formule la conclusion suivante :

La conscience de soi ne parvient à sa satisfaction que dans une autre conscience de soi. [25]

Le phénomène de la satisfaction de la conscience de soi dans et par une autre conscience de soi ne se rapporte bien sûr pas seulement à l'amour, mais à tous les processus de reconnaissance. C'est seulement dans l'image et les réactions des autres à nos actes que nous reconnaissons qui nous sommes vraiment.

Par là, Hegel n'entend pas seulement l'effet des éloges et des remontrances chez les enfants, c'est-à-dire le fait qu'un enfant se sente bien ou mal selon qu'il soit approuvé ou admonesté par un autre ; il inclut aussi les nombreuses approbations et reconnaissances mutuelles dans la vie des adultes. À l'inverse de l'animal, la conscience humaine n'acquiert sa conscience de soi que par le détour de la reconnaissance par autrui. Lorsque deux êtres humains se rencontrent, ce qu'ils sont ne sera reflété que par la perception de l'autre conscience et communiqué par le biais de son évaluation.

Chacun est aux yeux de l'autre l'élément médian par lequel chacun s'intermédie et se concatène avec lui-même […]. 26

Mais même après que la conscience de soi humaine se fut éveillée de la sorte, la dialectique ne connut pas de répit. La conscience de soi se trouvait en effet dès sa genèse prise dans une contradiction. Elle voulait la reconnaissance par une autre conscience de soi, mais n'était pas encore arrivée au stade social nécessaire pour cela. Au début, il y avait en effet encore une grande inégalité entre les humains, qui devait d'abord être surmontée par la conscience. Hegel illustre son propos par la fameuse dialectique du maître et de l'asservi.

La conscience de soi du maître, par exemple du citoyen romain ou du noble du Moyen Âge, était plus grande que celle de l'asservi. Par rapport à celui-ci, le maître se considérait, comme le dit Hegel, comme la « conscience autonome et essentielle ». L'asservi, par rapport au maître, s'éprouvait seulement comme la conscience dépendante et inessentielle. Mais si l'asservi reconnaissait totalement le maître comme conscience autonome étant donné qu'il craignait sa colère, cette reconnaissance ne signifiait rien pour le maître puisqu'elle était contrainte ou, comme dit Hegel :

Et c'est ce qui a fait naître une reconnaissance unilatérale et inégale. 27

Mais comme tous deux avaient le besoin d'être reconnus, ils vivaient leur inégalité comme une contradiction. Hegel nous expose alors brillamment comment la contradiction de la reconnaissance inégale s'est dissoute dialectiquement pour la conscience. Au point de départ du processus, l'asservi ressent encore son existence comme dépendante et inessentielle par rapport à l'essence autonome pour soi du maître dont il exécute les instructions.

En premier lieu, pour la servitude, le maître est l'essence ; *la conscience autonome pour soi* est donc à ses yeux la vérité […]. [28]

L'asservi se définit uniquement par son rôle qui consiste à servir le maître, à être là pour lui. Il approvisionne le maître, travaille, cultive les champs et s'occupe des terres. Il fabrique les outils, fait la cuisine et, le soir venu, il sert même le repas à son maître. Par son travail, il assure la survie du maître et, au passage, la sienne propre. Pourtant, du fait de son habileté croissante, la conscience de l'asservi devient de plus en plus autonome ou, comme l'exprime Hegel,

> [...] par le travail elle parvient à elle-même. ²⁹

En effet, jour après jour, l'asservi doit fabriquer quelque chose par son travail ; et le fruit de son labeur, il l'a sans cesse devant les yeux. Au cours du façonnage, du modelage ou de la décoration des objets, la conscience, selon Hegel, projette une forme-pensée dans les objets à partir d'elle-même et peut dès lors se reconnaître comme soi-même dans ceux-ci. Hegel formule cela de la façon suivante :

> La forme ne devient pas pour elle [la conscience] un autre qu'elle par le fait qu'elle est *mise dehors* ; car c'est précisément la forme qui est son pur être pour soi, qui en cela devient pour elle vérité.

La pensée centrale de Hegel

Par cette retrouvaille de soi par soi-même, elle devient donc *sens propre*, précisément dans le travail, où elle semblait n'être que *sens étranger*. ³⁰

C'est donc précisément dans le travail hétéronome, c'est-à-dire déterminé de l'extérieur, que l'asservi devient conscient de lui-même. Bien que le travail lui ait été initialement imposé par le maître comme sens de la vie venant d'autrui, c'est justement dans ce travail qu'il finit par trouver son propre sens. En lui, l'asservi se reconnaît lui-même. Lorsqu'il a ainsi cultivé un nouveau champ, abattu les arbres, extrait les pierres, retourné la terre et qu'il contemple pour la première fois le champ de céréales, il sait ce qu'il a fait. Il se réjouit à la vue de son travail et s'y reconnaît lui-même, tout comme le sellier se reconnaît dans une selle finement ouvragée, le charretier dans une calèche bien construite ou le forgeron dans son épée joliment forgée. Hegel conclut :

> [L]a conscience travaillante parvient donc ainsi à la contemplation de l'être autonome, *en ce qu'il est elle-même*. [31]

À mesure que l'asservi qui travaille voit devant lui son propre ouvrage et entrevoit tout ce qu'il est en mesure de réaliser, il prend conscience de son habileté et de sa force. En même temps, le maître perd de plus en plus de son autonomie et dépend davantage du travail et du savoir-faire de l'asservi. Après un certain temps, le maître se reconnaît comme dépendant de l'asservi qui, par son travail, le nourrit en plus de se nourrir lui-même. De cette manière, la conscience maîtresse se dissout d'elle-même étant donné que, comme le dit Hegel, elle ne peut plus trouver satisfaction de soi dans le désir de la consommation. Le maître reçoit en effet sa nourriture et les objets d'usage, tels que les meubles, à l'état fini ou, comme l'exprime Hegel, « il en profite purement ». Ainsi se produit, dans un renversement dialectique, une inversion du rapport du maître et de l'asservi pour aboutir finalement au dépassement de la reconnaissance unilatérale dans la reconnaissance mutuelle.

[Ils] se reconnaissent comme se reconnaissant mutuellement. [32]

Le chapitre « Maître et asservi » est sans aucun doute l'un des chapitres les plus lourds de conséquences qu'ait jamais écrit un philosophe. Il a en effet inspiré Marx et Engels dans l'élaboration de leur dialectique matérialiste de la lutte des classes selon laquelle, dans l'Histoire, la classe dominante, autrement dit les maîtres, engendre la classe asservie en tant que sa propre négation et se retrouve finalement évincée par celle-ci.

Pour Marx et Engels, les sociétés esclavagiste, féodale, bourgeoise, socialiste et communiste sont toutes des formes de domination qui se succèdent les unes aux autres par nécessité dialectique au cours de l'Histoire en raison de leurs contradictions matérielles respectives. La noblesse dominante, par exemple, par tradition et pour des raisons d'honneur, ne pratiquait pas le négoce et le commerce et n'entretenait pas de manufactures et d'usines, tandis qu'elle détenait tout le pouvoir politique. Elle faisait travailler pour elle paysans, négociants, marchands et fabricants en leur réclamant l'impôt.

La noblesse produisit de la sorte une nouvelle classe consciente d'elle-même, appelée par Marx et Engels « bourgeoisie », qui devint de plus en plus habile économiquement, de plus en plus aisée et prospère, et qui finit par évincer la noblesse en tant que classe politique dominante. Cependant la bourgeoisie elle aussi, en tant que négation de la noblesse, engendre à nouveau une nouvelle classe opprimée, le prolétariat, qui évince finalement la bourgeoisie en tant que « négation de la négation ». C'est seulement avec la révolution communiste que surviennent un dépassement de toutes les contradictions dans la société sans propriété et, partant, la fin de l'Histoire telle que nous la connaissons.

Cette interprétation originale de la dialectique de Hegel porta à conséquence dans la mesure où, un siècle plus tard, un tiers de l'humanité vivait effectivement dans des sociétés dites communistes. Marx a mis Hegel sens dessus dessous, comme il le dit plus tard. De la philosophie de l'esprit de Hegel, il a fait une philosophie de la réalité matérielle. Là où Marx et Engels ont ainsi interprété le renversement de la conscience asservie en conscience autodéterminée comme lutte de classes, le renversement dialectique hégélien doit être compris en premier lieu comme dépassement logique, c'est-à-dire spirituel.

Le chapitre de Hegel sur le maître et l'asservi, avec son déploiement de la conscience de soi, est généralement interprété comme l'entrée dans la conscience moderne éclairée, dans laquelle la conscience de l'un s'identifie à la conscience de l'autre. Au terme de son développement, la conscience de soi humaine fait en effet, selon Hegel, l'expérience qu'elle ne peut vivre en parfaite liberté et autonomie que dans l'unité avec l'autre conscience de soi, en tant que Je qui est un Nous et Nous qui est un Je :

> Ce qui advient ultérieurement pour la conscience, c'est l'expérience de ce qu'est l'esprit, cette substance absolue, qui dans la parfaite liberté et autonomie de son opposé, entendons de diverses consciences de soi qui sont pour soi, est l'unité de celles-ci ; un *Je* qui est un *Nous*, et un *Nous* qui est un *Je*. [33]

Cette phrase difficile mais impressionnante à la fin du chapitre du maître et de l'asservi, selon laquelle la conscience humaine fait à un moment donné l'expérience de ce qu'est l'esprit, c'est-à-dire la substance absolue qui se nourrit de l'opposition des différentes consciences de soi individuelles tout en réalisant leur unité, peut se comprendre comme l'expérience par l'individu de ce qui constitue au bout du compte une société qui fonctionne. À savoir l'expérience de ce que l'esprit d'une société ou d'un État représente l'unité complète de tous les individus dans laquelle toutes les oppositions sont réconciliées les unes avec les autres en ce que la reconnaissance mutuelle est assurée. Avec l'expérience de la reconnaissance mutuelle dans le savoir absolu, la conscience de soi entre, comme le dit Hegel en termes euphoriques, « dans le jour spirituel du présent ». Elle culmine dans l'égalité de droit de tous les êtres humains.

Après que les êtres humains se sont évalués juridiquement selon deux poids deux mesures pendant des millénaires, que le plus puissant était juge de l'asservi et que l'un était le sujet de l'autre, il est devenu habituel, suite au mouvement dialectique de la conscience de soi, que chaque citoyen reconnaisse l'autre citoyen comme égal en droits, s'identifie à lui et lui accorde la même dignité humaine et les mêmes droits qu'à lui-même. Le dépassement dialectique de la domination et de l'asservissement dans la reconnaissance mutuelle peut dès lors être compris comme le premier pas vers la forme d'esprit de l'égalité en droits au sens moderne du terme.

Le mouvement dialectique de l'Histoire universelle

Tout comme la conscience individuelle progresse à même ses contradictions, l'Histoire universelle avance également de la sorte. Le déploiement individuel de la conscience, l'Histoire universelle et l'Esprit divin du monde ne sont au fond que plusieurs facettes du même déploiement dialectique de la raison. Et ce déploiement de la raison ne connaît pas de répit. L'Esprit du monde fait infatigablement tourner la roue de l'Histoire – même s'il existe des cultures qui semblent un temps ne pas en être affectées, comme la culture chinoise :

> [L]'Esprit universel ne demeure pas en repos. [...]
>
> Chez une nation particulière, le cas peut bien se produire que sa culture, son art, sa science, sa faculté intellectuelle demeurent stationnaires, comme cela paraît être celui des Chinois qui, il y a deux mille ans, furent sans doute aussi avancés qu'aujourd'hui ; mais l'Esprit de l'Univers ne sombre pas dans ce calme indifférent [...]. Sa vie est action. [34]

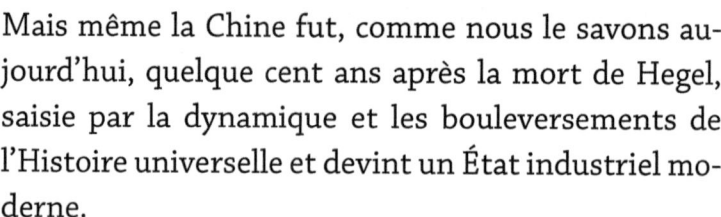

Mais même la Chine fut, comme nous le savons aujourd'hui, quelque cent ans après la mort de Hegel, saisie par la dynamique et les bouleversements de l'Histoire universelle et devint un État industriel moderne.

> [L]'*Histoire* est le devenir *qui sait et se fait savoir en s'intermédiant* – l'esprit aliéné au temps [...]. Ce devenir présente un mouvement paresseux et une indolente succession d'esprits, une galerie d'images dont chacune est pourvue de la richesse complète de l'esprit et ne se meut précisément de si indolente façon que parce que le Soi-même doit pénétrer et digérer toute cette richesse de sa substance. ³⁵

La succession des époques est qualifiée d'indolente par Hegel parce qu'il a fallu un effort considérable de l'Esprit du monde pour engendrer la richesse complète de sa substance, c'est-à-dire tous les peuples, nations, œuvres d'art, édifices, morceaux de musique dans les différentes époques avec tous leurs produits, pour les former puis les faire évoluer à de nouvelles époques. Cependant, pour Hegel, cet effort de l'Esprit du monde n'est pas le tour de force d'un dieu qui siégerait quelque part et guiderait l'Histoire de l'extérieur. Il s'agit bien plus du mouvement autonome de la raison dialectique qui progresse à même ses contradictions dans la conscience des différents êtres humains. Si Hegel parle d'un Esprit du monde, c'est parce que l'Histoire, dans son mouvement multiforme, est vouée à accomplir un sens supérieur et à servir une fin suprême :

> Cette fin suprême a été celle de l'effort de l'[H]istoire universelle ; pour elle ont été faits tous les sacrifices sur le vaste autel de la [T]erre dans le long cours du temps. 36

Hegel soulève ici la question passionnante du but ultime de l'Histoire universelle. Sa réponse est d'une simplicité déconcertante. La fin suprême vers laquelle on s'efforce de tendre d'une époque à l'autre, c'est la liberté :

> L'[H]istoire universelle est le progrès dans la conscience de la liberté – progrès dont nous avons à reconnaître la nécessité. 37

Ce dont il s'agit en fin de compte dans tout le déploiement de l'Histoire de l'humanité, des hordes et tribus sauvages à la constitution des peuples, cultures, villes et nations, c'est de l'idée de liberté. Et ce déploiement de l'idée de liberté dans la conscience des humains se perpétue, d'après Hegel, tel un fil rouge tout au long de l'Histoire universelle. C'est dans les premières hautes cultures orientales qu'il prit son point de départ archaïque :

> Les Orientaux ne savent pas encore que l'esprit ou l'homme en tant que tel est en soi libre ; parce qu'ils ne le savent pas, ils ne le sont pas ; ils savent uniquement qu'*un seul* est libre [...]. [38]

Chez les Orientaux, un seul individu était libre, le souverain, et celui-ci était en général un despote. L'idée de liberté n'était pas encore développée en tant que telle et elle n'était pas encore objet de la conscience. C'est seulement chez les Grecs que germe le souhait de liberté réelle :

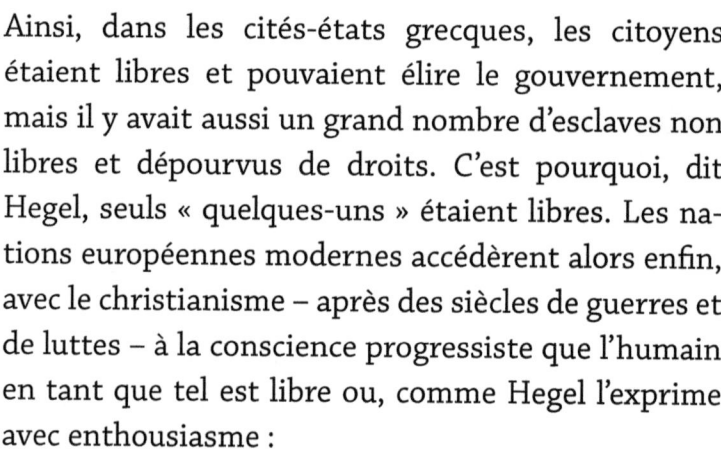

> Chez les Grecs s'est d'abord levée la conscience de la liberté, c'est pourquoi ils furent libres, mais eux, aussi bien que les Romains savaient seulement que quelques-uns sont libres, non l'homme, en tant que tel. Cela, Platon même et Aristote ne le savaient pas […]. [39]

Ainsi, dans les cités-états grecques, les citoyens étaient libres et pouvaient élire le gouvernement, mais il y avait aussi un grand nombre d'esclaves non libres et dépourvus de droits. C'est pourquoi, dit Hegel, seuls « quelques-uns » étaient libres. Les nations européennes modernes accédèrent alors enfin, avec le christianisme – après des siècles de guerres et de luttes – à la conscience progressiste que l'humain en tant que tel est libre ou, comme Hegel l'exprime avec enthousiasme :

La pensée centrale de Hegel

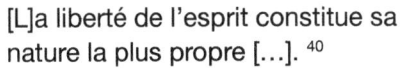
[L]a liberté de l'esprit constitue sa nature la plus propre [...]. 40

Pour Hegel, le sens de l'Histoire réside donc dans le déploiement croissant de la liberté. Ce n'est pas seulement la libération des asservis par eux-mêmes dans la phase de la dialectique du maître et de l'asservi, c'est toute l'Histoire qui tend peu à peu vers ce point ultime. Par liberté, Hegel n'entend cependant pas la satisfaction sans borne des désirs, pulsions et besoins du citoyen ou de l'individu, mais leur accomplissement, dans une mesure limitée, dans et par l'État. Car pour Hegel, seul l'État, doté de lois, de juges et d'une bonne législation, peut permettre à ses citoyens de mener une vie libre et autodéterminée, et les protéger contre l'arbitraire. Dans son ouvrage « Philosophie du droit », il décrit pourquoi l'État est si important : sans l'État, le constat que les humains ne sont pas destinés à l'esclavage resterait une revendication idéaliste, c'est-à-dire un simple « devoir-être ».

> [L]e fait que l'homme, en soi et pour soi, n'est pas destiné à l'esclavage ne soit pas de nouveau conçu comme *un simple devoir-être*, ceci n'intervient qu'avec la connaissance de ce que l'idée de la liberté n'est en vérité que comme *État*. [41]

L'idée de la liberté ne se trouve donc véritablement accomplie que dans l'État. Pour donner un exemple de non-liberté en l'absence d'État, Hegel cite la période trouble qui a directement suivi la Révolution française. La France sombra dans le chaos. Ce fut le temps de l'arbitraire, du règne de la terreur et des abus commis par des bandes de pillards. Ce n'est qu'après que Napoléon eut rétabli l'ordre étatique et créé la sécurité juridique universelle en introduisant le Code civil que les citoyens purent à nouveau se déplacer et se déployer librement. C'est la raison pour laquelle Hegel s'engoue littéralement pour l'État en tant qu'incarnation de la liberté :

L'Etat est l'effectivité de la liberté concrète [...]. 42

Et c'est parce que l'État assure le maintien de la morale et des mœurs que l'on peut, selon Hegel, le concevoir comme un sujet en tant que tel, comme une sorte d'organisme éthique vivant :

L'Etat est l'effectivité de l'idée éthique [...]. [...] l'Etat est le rationnel en soi et pour soi. 43

Et en tant qu'instance éthique et rationnelle, l'État est en droit d'entraver la liberté d'un citoyen, de le condamner pour violation de la loi, et même de le mettre en prison pour garantir moralité et liberté à tous les autres citoyens.

Si la caractérisation par Hegel de l'État comme incarnation de la raison et de la moralité semble plausible dans le cas concret de la lutte contre la criminalité, elle n'en présente pas moins un inconvénient majeur. Quels que soient l'endroit et le moment où un conflit surgit entre un citoyen et l'État, c'est l'État qui, chez Hegel, a d'office raison en toute situation, car seul l'État génère la moralité sur laquelle le citoyen peut fonder son orientation morale.

Chez Hegel, il n'existe pas de droit de résistance contre l'État tel que le philosophe anglais John Locke l'avait formulé auparavant. Il ne tenait pas non plus en grande estime la démocratie, tel que Rousseau l'exigeait déjà cinquante ans avant lui. Hegel considérait que le peuple n'était pas encore en mesure de discerner les finalités de l'État qui dépassent l'intérêt personnel et d'élire à cette fin les représentants appropriés. C'est pourquoi il estimait que la constitution prussienne de l'époque, avec ses deux conseils représentatifs et sa monarchie héréditaire, était la meilleure forme d'État qui soit. Dans celle-ci, l'Histoire universelle était parvenue selon lui à sa forme d'esprit la plus élevée. Car pour Hegel, le progrès dans la conscience de la liberté culminait dans l'État constitutionnel prussien éclairé. C'est la raison pour laquelle on lui reproche souvent d'avoir trahi ses sympathies de jeunesse envers les idées bien plus avancées des Lumières françaises en raison de sa position

La pensée centrale de Hegel

de philosophe de l'État prussien. Le philosophe Popper est de cet avis. Dans son livre « La société ouverte et ses ennemis », il accuse Hegel d'avoir fait le lit du totalitarisme ultérieur en établissant la suprématie morale de l'État face à l'individu. Pourtant, cette critique va indubitablement trop loin dans la mesure où Hegel a défini très exactement la tâche morale de l'État – à savoir dans un sens libéral. Pour Hegel, la constitution prussienne accordait enfin aux citoyens ce qui, dans le travail de plusieurs siècles de l'Histoire universelle, s'était cristallisé dans le dépassement des contradictions – la reconnaissance mutuelle et le statut de l'être humain comme conscience de soi libre jouissant des mêmes droits :

L'homme vaut parce qu'il est homme, non parce qu'il est juif, catholique, protestant, allemand, italien, etc. [44]

Dieu comme Esprit du monde se déployant

L'absolu, c'est-à-dire Dieu, n'est pas chez Hegel un Dieu éternel et tout-puissant qui juge les humains sur leurs actes après leur mort comme dans le christianisme. C'est seulement dans et par les humains qu'il grandit pour devenir ce qu'il est à la fin. C'est pourquoi cela n'a pas de sens de lui vouer un culte pieux. Entre Lui et nous, il n'y a pas, selon Hegel, de distance cosmique. L'absolu est et veut être à tout instant auprès de nous. Et c'est parce que, dans le mouvement dialectique de la conscience et de l'Histoire universelle, l'absolu est à chaque seconde auprès de nous que les cérémonies de l'Église catholique étaient, pour Hegel, irrationnelles et même franchement ridicules. Ainsi se moquait-il, en tant que protestant, de la commémoration rituelle de la Cène chez les catholiques. L'Esprit du monde disposait selon lui de bien meilleures possibilités que d'avoir à s'implanter dans l'esprit humain par l'ingestion d'hosties. Il est un non-sens, dit Hegel,

[…] que l'hostie, cette chose, doit être adorée comme Dieu. 45

C'est pourquoi Hegel raillait dans ses cours l'idée selon laquelle le Sauveur serait concentré dans l'hostie, en avançant qu'elle devait avoir une conséquence dangereuse pour les catholiques : si en effet une souris parvenait à se glisser dans le tabernacle et à y grignoter une hostie, les croyants devraient alors également adorer le petit tas d'excréments de la souris en tant que leur Sauveur. Cet avis s'ébruita et l'Église réagit avec la plus grande consternation. Bien que ses étudiants le défendissent, Hegel dut s'excuser officiellement et retirer ses dires.

L'Église catholique rejetait de manière générale le concept hégélien de Dieu. Un Esprit du monde qui se déploie dans la nature, dans l'être humain et dans l'Histoire universelle relèverait d'un panthéisme païen. Le panthéisme désigne le fait que Dieu agit de manière fragmentée dans tout ce qui existe, par exemple dans le moindre brin d'herbe. Hegel accepta le refus de l'Église catholique. Quant à l'Église protestante, il s'efforça pendant de nombreuses années d'obtenir sa reconnaissance, mais en vain.

La querelle sur l'hostie montre combien la représentation hégélienne de l'absolu s'était déjà éloignée de la conception chrétienne classique de Dieu. Dieu, l'humain et l'Histoire ne sont pas pour lui trois choses différentes, mais une seule et même force, la force du mouvement de soi dialectique de l'esprit. C'est pourquoi Hegel, dans sa philosophie de la religion, en vient à formuler la proposition cardinale selon laquelle l'homme ne peut avoir connaissance de Dieu que dans la mesure où Dieu est présent dans la pensée et l'action humaines et y apprend quelque chose de lui-même, et que par conséquent la conscience de Dieu est finalement la même chose que la conscience de l'humain et inversement :

[L]'homme connaît Dieu en tant que Dieu se connaît lui-même en l'homme ; cette connaissance est la conscience de soi de Dieu, mais aussi bien [...] une connaissance que l'homme a de Dieu. [46]

C'est seulement par le progrès dans l'Histoire et les efforts de l'humanité au cours des millénaires que Dieu vient à soi et peut dépasser l'aliénation originelle :

La pensée centrale de Hegel

> Le vrai est le Tout. Mais le Tout n'est que l'essence s'accomplissant définitivement par son développement. Il faut dire de l'Absolu qu'il est essentiellement *résultat*, qu'il n'est qu'à la *fin* ce qu'il est en vérité [...]. [47]

L'Esprit du monde, c'est-à-dire Dieu, se réalise dans les formes d'esprit de l'Histoire universelle. Même les processus à l'œuvre dans la nature sont l'expression de l'Esprit du monde en devenir. Mais dans ce cas, en quoi consiste donc le rôle de l'être humain individuel ? Peut-il s'opposer à l'Esprit du monde par son libre arbitre ? Peut-il modifier l'Histoire par ses actes ? La réponse de Hegel est tout d'abord peu encourageante :

> La philosophie donc doit nous amener [...] à reconnaître que le monde réel est tel qu'il doit être, que le vrai bien, la raison divine universelle est aussi la puissance propre à se réaliser. [...]

> Dieu gouverne le monde ; le contenu de sa direction, l'exécution de son plan, c'est l'[H]istoire universelle. ⁴⁸

Si Dieu gouverne le monde et que l'Histoire universelle n'est que l'exécution de son plan, que peuvent donc encore décider les êtres humains ? Comment la raison dialectique individuelle peut-elle être conciliée avec le projet de l'Esprit du monde ? Et comment pourrait-il y avoir un plan de l'Esprit du monde alors que, depuis toujours, des personnalités politiques prennent des décisions et que des conquérants comme César ou Napoléon ont sans aucun doute changé le cours du monde ?

La ruse de la raison

Hegel connaissait bien sûr l'influence de personnalités sur l'Histoire et ne voulait pas non plus la nier. Il parle même de ce qu'il appelle des « individus d'envergure historique mondiale ». Et ceux-ci agissent effectivement plutôt de manière pratique et selon la situation politique du moment sans connaître la grande idée de l'Esprit du monde. Pourtant, indirectement, ils servent aussi l'ensemble :

> De tels individus n'avaient pas, en ce qui concerne leur fin, conscience en général de l'Idée ; mais ils étaient des hommes pratiques et politiques. [...] [I]ls réalisent leurs intérêts, mais il se produit avec cela quelqu'autre chose [...] dont leur conscience ne se rendait pas compte et qui n'était pas dans leurs vues [...]. [49]

De tels individus, comme par exemple Alexandre le Grand, César ou Napoléon, suivaient souvent des intérêts propres et n'avaient ni la conscience de l'idée en général, ni une vue d'ensemble sur le cours de l'Histoire. Pourtant ils ont bel et bien marqué leur époque et fait avancer l'Histoire en ce qu'ils savaient ce qu'il convenait de faire dans l'instant :

C'étaient aussi des gens qui pensaient et qui savaient [...] ce dont le *moment est venu*. [50]

Napoléon par exemple avait exactement réalisé dans l'Histoire ce dont le moment était venu et ce qui avait été voulu par l'Esprit du monde. Ainsi était-il plus que temps, selon Hegel, qu'en France la cour décadente et son roi fussent enfin démis. Le moment était aussi venu, après des siècles de féodalisme et de législation à sens unique imposée par les seigneurs féodaux, que Napoléon réalise enfin l'idée de l'égalité des droits dans toute l'Europe en introduisant une constitution et le Code civil. Incidemment, Hegel lui-même avait vu passer Napoléon à cheval devant sa chambre d'études à Iéna tandis qu'il travaillait aux dernières pages de la « Phénoménologie de l'esprit ». Enthousiasmé, il nota dans son journal :

J'ai vu l'Empereur – cette âme du monde – sortir de la ville pour aller en reconnaissance. [51]

Pour Hegel, Napoléon était donc une âme du monde, un accomplisseur de l'Esprit du monde. Napoléon lui-même voulait certes en premier lieu étendre son propre pouvoir, augmenter sa gloire et consolider son Empire. Mais ce qui est resté de lui après son exil à Sainte-Hélène, c'est le renouvellement de l'Europe qui depuis trop longtemps se faisait dialectiquement attendre eu égard à l'égalité en droits de ses citoyens. Napoléon était par conséquent, comme dit Hegel, un « gérant », un « outil de l'Esprit du monde ». Bien qu'il n'ait peut-être suivi que son ambition personnelle et ses passions, il servit tout de même en fin de compte le déploiement de la raison et, partant, l'Esprit du monde :

> C'est ce qu'il faut appeler la *ruse de la raison* : la raison laisse agir à sa place les passions [...]. 52

L'Esprit du monde se sert donc d'une ruse. Il laisse les humains décider eux-mêmes, mais utilise leurs passions et leurs actes pour le déploiement de la raison dans l'époque donnée. Ce faisant, chaque étape du développement a sa justification et sa vérité. Même le sombre Moyen Âge, avec ses superstitions et ses chasses aux sorcières que l'on brûlait sur des bûchers, est en ce sens une forme d'esprit qui paraît nécessaire et qui eut pendant un temps sa vérité.

> [D]ès le début, je me suis expliqué sur ce point [...], à savoir que la raison gouverne le monde et a par conséquent gouverné l'[H]istoire universelle. 53

Comme l'Esprit du monde, par son mouvement de soi dialectique, fait avancer le déploiement de la raison d'une époque à l'autre, chaque époque, considérée pour elle-même, est forcément rationnelle. Dans ce contexte, Hegel tire une conclusion provocante :

Ce qui rationnel est réel, et ce qui est réel est rationnel. [54]

Cette affirmation lui valut de vives critiques aussi bien de la part de certains de ses contemporains que de philosophes ultérieurs pour qui cette phrase permettrait de justifier toutes les injustices dans le monde. Car devoir qualifier de rationnel tout ce qui arrive, aussi mauvais que cela puisse être, ce serait selon eux perdre tout critère pour la critique. Hegel considère effectivement les États qui sont gérés de manière dictatoriale comme des stations nécessaires de la raison sur le long chemin de son déploiement de soi :

> [C]haque peuple possède la constitution qui lui est appropriée et qui lui revient. ⁵⁵

Ce qui ne signifie toutefois pas, dans la conception hégélienne, que les dictatures doivent être acceptées d'office comme constitutions d'État mauvaises et rétrogrades. C'est précisément le mouvement dialectique de la conscience qui peut, lorsque son moment est venu, prendre la négation de toute injustice et la dépasser. Cependant, en cas de succession historique d'une forme d'esprit par une autre, il existe aussi des conflits. L'Histoire universelle ne peut, dans sa progression, avoir d'égard pour le bonheur personnel :

> L'[H]istoire universelle n'est pas le lieu de la félicité. Les périodes de bonheur y sont ses pages blanches ; car ce sont des périodes de concorde auxquelles fait défaut l'opposition. ⁵⁶

Comme l'Histoire universelle progresse à même ses oppositions, les phases de contradictions et de conflits sont plus longues que les phases d'harmonie et de consolidation. L'individu pris isolément a pour mission de déceler les signes du temps et de participer au progrès nécessaire de la conscience de la liberté. Même si l'individu ne perçoit pas toujours le but ultime de l'Histoire et donc l'action de l'Esprit du monde, il sait néanmoins ce qu'il convient de faire. Il le sait parce qu'il ne décide pas dans le vide mais que, enfant de son temps, il peut et doit se mettre en relation avec celui-ci.

Le but ultime de l'Histoire

Où se termine l'Histoire ? Y a-t-il un but vers lequel nous nous dirigeons ? La réponse de Hegel est très concise. Il y a bien un but et nous ne pouvons le manquer, car il survient avec nécessité :

Cela étant, le *but* à atteindre, pour le savoir, est tout aussi nécessairement planté que la série progressive du parcours ;

> il est là où il n'a plus besoin d'aller encore au-delà de lui-même, là où il se trouve lui-même [...]. 57

Tout à la fin de son long mouvement dialectique depuis la certitude sensuelle primitive jusqu'à la conscience de soi moderne, notre savoir, qui grandit d'une époque à l'autre, fait une dernière expérience importante. Il se reconnaît finalement comme le mouvement dialectique de l'esprit absolu qu'il était depuis le début. Le savoir, dit Hegel, n'a maintenant plus besoin d'aller au-delà de lui-même. Il est arrivé à son but. Il ne peut plus s'élever au-dessus de lui-même et aller plus loin étant donné qu'il n'y a plus de contradictions. Il est maintenant l'esprit qui se sait lui-même et qui est en accord avec lui-même :

> [Le] savoir absolu, ou encore, [...] l'esprit qui se sait comme esprit [...]. 58

Les formes d'esprit continuent de se succéder jusqu'à ce que surviennent finalement le déploiement total de l'Esprit du monde et en même temps le déploiement total de la pensée individuelle – et ce, dans un dernier dépassement fulgurant de toutes les contradictions et leur réconciliation dans le savoir absolu ou, comme le dit Hegel, dans le concept absolu :

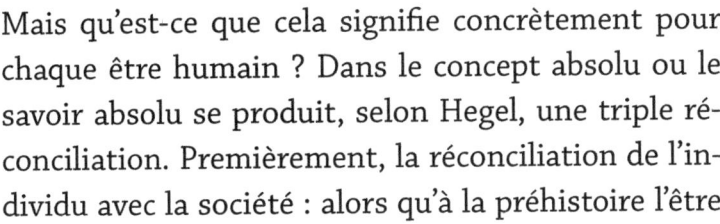

Le royaume des esprits qui s'est formé de la sorte dans l'existence constitue une succession dans laquelle un esprit a pris le relais de l'autre et où chacun a pris en charge du précédent le royaume du monde. Son but est la révélation de la profondeur, et celle-ci est le *concept absolu* […]. [59]

Mais qu'est-ce que cela signifie concrètement pour chaque être humain ? Dans le concept absolu ou le savoir absolu se produit, selon Hegel, une triple réconciliation. Premièrement, la réconciliation de l'individu avec la société : alors qu'à la préhistoire l'être humain percevait encore ses semblables comme étrangers et quelque chose d'extérieur à son étant soi, il s'identifie maintenant avec eux. Il sait qu'il ne peut se reconnaître lui-même que par les autres et que sa liberté implique celle d'autrui. La conscience a fait l'expérience, au cours de l'Histoire universelle, qu'elle est certes autonome et libre, mais qu'elle ne peut l'être dans la durée que si elle est reconnue comme telle par une autre conscience libre et autonome. Elle se reconnaît comme

[…] un Je qui est un *Nous*, et un *Nous* qui est un *Je*. ⁶⁰

Alors qu'au début de l'Histoire tous luttaient encore contre tous, que l'homme était un loup pour l'homme, qu'une tribu barbare faisait la guerre à une autre, à la fin de l'Histoire nous sommes réconciliés avec tous les autres. L'individu se sait lui-même comme partie du tout, comme être générique. Le pur concept de la reconnaissance se trouve réalisé. Les êtres humains se reconnaissent comme se reconnaissant mutuellement.

Deuxièmement, à la fin de l'Histoire, l'individu se réconcilie aussi avec la substance. Par substance, Hegel n'entend pas seulement la nature ou la matière, mais aussi les peuples, États ou institutions par exemple. C'est pourquoi il peut dire que tout ce qui nous paraissait rebutant, sauvage et étranger au début de l'Histoire, nous en prenons conscience comme faisant partie de notre propre mouvement de soi dialectique à la fin de l'Histoire. L'esprit humain se sait à la fois comme sujet et substance étant donné qu'il se reconnaît comme l'extension incorporée dans la substance. Hegel l'exprime en ces termes :

> Ce dernier devenir qui est le sien, la *nature*, est son devenir immédiat vivant ; la nature, l'esprit aliéné, n'est rien d'autre, dans son existence, que [...] le mouvement qui produit le *sujet*. [61]

L'aliénation de l'esprit dans la nature ainsi que la connaissance ultime, dans le savoir absolu, selon laquelle le mouvement de pensée dialectique en tant que sujet met aussi en mouvement la nature et l'a toujours fait, peuvent être comprises, avec certaines restrictions, en ce sens que nous ne nous reconnaissons aujourd'hui plus seulement par exemple comme Homo Sapiens, mais également dans l'ensemble du processus naturel qui nous a engendrés. Nous nous reconnaissons comme sujet et substance du mouvement de soi de l'évolution qui s'est étalée sur des millions d'années, des organismes unicellulaires aux êtres multicellulaires en passant par l'Homo Erectus et jusqu'à notre forme actuelle. Tout écolier sait aujourd'hui que l'esprit humain est aussi un produit de la nature. Mais Hegel va encore plus loin. Car une fois que nous avons atteint l'échelon le plus élevé du savoir absolu et que nous nous sommes reconnus nous-mêmes dans notre pensée dialectique comme moteur de l'Histoire universelle et du processus de la nature, il nous apparaît clairement qu'il ne peut plus rien y avoir d'autre en dehors de notre pensée et qu'il n'y a même jamais eu rien d'autre en dehors de notre pensée :

C'est cela qui implique que l'être est un penser […]. 62

Hegel peut affirmer cette proposition radicale parce que dans sa conception, l'être, c'est-à-dire toute la réalité, n'entre de toute façon dans notre tête que par la pensée dialectique. Tout n'est réel que dans notre pensée. Car ce que nous ne pouvons saisir par la pensée, c'est-à-dire par la conscience, n'existe pas, à tout le moins n'en avons-nous pas connaissance. C'est pourquoi nous pouvons reconnaître, au stade du savoir absolu, que toute réalité, même si elle nous paraissait initialement étrangère, n'est finalement qu'un produit de notre propre pensée et que nous sommes par conséquent à la fois substance et sujet.

Troisièmement et pour finir, l'individu se réconcilie avec l'Esprit du monde. Dieu nous apparaissait aux premiers temps comme quelque chose de tout-puissant et de redoutable qui était en dehors de nous-mêmes, de sorte que nous l'adorions et lui consentions des sacrifices. À présent, nous savons que Dieu n'est lui aussi que le mouvement venant à soi de l'Histoire universelle en tant que progrès dans la conscience de la liberté, et qu'il l'a toujours été.

La conscience [...] reconnaît le dieu en celle-ci. [63]

Dieu ne plane plus au-dessus de nous pour nous punir ou nous délivrer après la mort, mais s'est engendré dans le long travail de l'Histoire universelle dans et par notre conscience humaine. Ce chemin, il l'a parcouru avec nous ; il a grandi avec nous. Comme il est lui aussi à la fois substance et sujet, il s'est réalisé à la fin de l'Histoire notamment dans des institutions justes et rationnelles comme l'État de droit moderne. C'est la raison pour laquelle Hegel s'enthousiasme pour l'État comme réalisation de l'Esprit du monde et affirme que l'idée de l'État est divine. Même si des États concrets particuliers n'apparaissent pas encore ainsi :

Lorsqu'il s'agit de l'idée de l'État, il ne faut pas avoir devant les yeux des États particuliers, [...] il faut plutôt considérer l'Idée, ce Dieu réel, et la considérer pour elle-même. 64

L'État est donc un point ultime de la dialectique, le Dieu réel, ou, comme le dit Hegel,

La pensée centrale de Hegel

[...] la pleine réalisation de l'esprit dans l'existence [...]. [65]

Mais ce n'est pas seulement l'évolution historique et politique qui parvient, selon Hegel, à son époque – à savoir l'absolutisme éclairé – à un point d'orgue : la philosophie aussi, avec sa position propre, a atteint la dernière forme d'esprit possible. Hegel concédant par ailleurs avec modestie qu'il n'est pas le seul à qui revient le mérite d'avoir accompli le stade ultime.

Pour Hegel, c'est l'évolution dialectique elle-même qui l'a hissé sur le trône, sa philosophie de l'esprit étant selon lui le dépassement nécessaire de la dernière et de la plus grande contradiction dans la longue Histoire de la philosophie, la contradiction entre rationalistes et empiristes. Pendant des siècles, les rationalistes et les théologiens n'auraient interprété tout ce qui existe sur Terre que comme cadeau divin. L'humain aussi, avec son enveloppe corporelle, n'aurait été compris que comme image de l'image divine originelle. Les philosophes n'auraient jamais tenté que de distinguer Dieu, ou l'absolu, le céleste :

À cette exigence correspondent les efforts [...] déployés pour arracher les hommes à leur enfoncement dans le sensible, dans la réalité commune et singulière, et pour relever leurs yeux vers les étoiles [...]. La signification de tout ce qui est se trouvait dans le fil de lumière qui le rattachait au ciel ; le long de ce fil, plutôt que de séjourner dans ce présent-ci, le regard glissait par-delà ce présent vers l'être divin, vers, si l'on peut dire, une présence dans un au-delà. [66]

Après que la science et l'humanité eurent enfin reconnu qu'on ne progressait pas en termes de vérité si on la transposait dans un au-delà, il y avait eu un contremouvement radical. L'empirisme moderne, selon Hegel, est la négation de tout ce qui est céleste.

Les empiristes contredirent la conception selon laquelle on peut expliquer les évènements sur Terre en partant de la pensée d'une dernière instance divine. À la place de l'au-delà, il mirent l'ici-bas. Seule la démarche empirique, c'est-à-dire l'expérience concrète que l'on peut répéter au cours d'expérimentations, serait une base solide pour toute acquisition de savoir. Toute connaissance, comme l'exigeaient par exemple Bacon et Hume, devrait venir de la perception terrestre et y rester attachée. D'après Hegel, ce point de vue purement matérialiste, fixé au terrestre, aurait néanmoins constitué à son tour un appauvrissement des sciences parce qu'il aurait laissé l'humain littéralement mourir de soif dans sa quête du sens de la vie :

> Aujourd'hui il semblerait qu'on ait affaire à une situation dramatiquement renversée, que le sens soit à ce point engoncé dans le terrestre [...]. L'esprit montre tant de pauvreté qu'il semble, tel le voyageur dans le désert qui n'aspire qu'à une simple gorgée d'eau, n'aspirer tout simplement [...] qu'à l'indigent sentiment du divin. [67]

Cette contradiction des deux dernières grandes positions de la philosophie selon laquelle la vérité est, d'un côté, recherchée uniquement dans la pure pensée de l'absolu, et de l'autre, uniquement dans les objets visibles et les expérimentations, Hegel estime l'avoir dépassée dans sa propre philosophie. Car les connaissances empiriques tirées des expérimentations de la science ne seraient au fond rien d'autre que les expériences qui résultent du mouvement de soi dialectique de l'Esprit du monde, et par conséquent le savoir absolu en devenir. L'absolu et l'empirique seraient dès lors réconciliés. Dès le début de sa production philosophique, le jeune Hegel s'était fixé de grands objectifs :

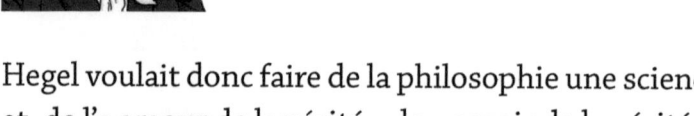

Mon propos est de collaborer à ce que la philosophie se rapproche de la forme de la science – se rapproche du but, qui est de pouvoir se défaire de son nom *d'amour du savoir* et d'être *savoir effectif*. 68

Hegel voulait donc faire de la philosophie une science et, de l'« amour de la vérité », le « savoir de la vérité ».

La pensée centrale de Hegel

Dans sa philosophie de l'esprit, il a effectivement tenté d'apporter une réponse définitive à toutes les questions philosophiques. À la fin de l'Histoire, dit Hegel, nous pourrions effectivement arrêter de spéculer et de poser davantage de questions, car nous savons maintenant que Dieu, l'humain, la nature et l'Histoire ne sont que l'expression d'un seul et même mouvement de pensée dans lequel nous nous trouvons depuis toujours et qui reconnaît à présent notre esprit comme sa propre essence la plus intime :

Du calice de ce royaume d'esprits [...] monte à lui l'écume de son infinité. [69]

À quoi nous sert aujourd'hui la découverte de Hegel ?

Y a-t-il une raison dans l'Histoire ou l'Esprit du monde a-t-il fait son temps ?

L'idée que nous ne fassions plus qu'un – avec la nature, Dieu, nos semblables et le monde entier – dans un feu d'artifice de réconciliation, à la fin de l'Histoire, sonne d'abord quelque peu étrange à nos oreilles. Trop de problèmes et conflits pèsent sur notre époque pour que nous puissions partager l'optimisme de Hegel.

En réalité, son idée d'un perfectionnement et d'un déploiement permanents de la raison était déjà remise en question non sans raillerie par certains de ses contemporains comme Schopenhauer. Et l'expérience de deux guerres mondiales a fini d'ébranler complètement la foi des Européens en la raison. Le philosophe Theodor W. Adorno posait ainsi cette question provocatrice : après Auschwitz, peut-on encore parler d'un progrès dans l'Histoire ? Car nous sommes bien confrontés au fait que, malgré la pensée cosmopolite de Hegel, Kant, Rousseau et Locke, malgré la tradition de plus deux siècles des Lumières en Europe, un tel acte de barbarie a pu se produire. Le nationalisme et le racisme ont débouché sur deux guerres mondiales où Anglais, Français, Allemands, Italiens ainsi que des citoyens de presque toutes les nations du monde prirent les armes les uns contre les autres. Comment une telle chose fut-elle possible ? La raison dialectique avait-elle échoué ? Par ailleurs, peut-on encore parler d'une raison dans l'Histoire face aux revers massifs dans l'histoire de notre civilisation – le réchauffement climatique, la contamination nucléaire, la crise capitaliste ?

Adorno donna en 1965 une réponse claire : non, on ne le peut pas. L'Esprit du monde qui se forme rationnellement aurait, si tant est qu'il eût jamais existé, pris congé au plus tard à l'époque moderne. La raison comme moteur de l'Histoire aurait, dans le sillage des Lumières, basculé dans l'irraison. Hegel se serait tout simplement trompé sur le fait que la raison ne cesserait de se déployer et pénètrerait tout. « Le vrai est le tout », pouvait-on lire chez Hegel. « Le tout est le faux », lui oppose Adorno face au monde manipulé et colonisé de façon nationaliste et capitaliste.

Hegel mourut en 1831 et ne connut donc ni l'holocauste ni le nationalisme ou le fascisme. Pourtant, Hegel persisterait sans doute à soutenir que de tels revers, aussi terribles soient-ils, sont en fin de compte des contradictions nécessaires sur le chemin du déploiement de la raison. Car même le nationalisme, le racisme et le fascisme, pourrait-on argumenter avec Hegel, n'étaient, avec leurs protagonistes Franco, Mussolini et Hitler, que des formes d'esprit passagères dont le dépassement dialectique a mené à la forme d'esprit de l'Europe unifiée. Le racisme et le nationalisme, selon la logique hégélienne de la raison, devaient échouer par le simple fait qu'ils génèrent leur propre contradiction, c'est-à-dire leur propre antithèse, qui conduit nécessairement à leur dépassement de soi.

Hegel dirait que les peuples ou les nations qui se procurent leur conscience de soi par la négation et la dévalorisation de la conscience de soi d'autrui échouent sous la contradiction de principe que ce type de devenir conscient ne peut jamais s'accomplir réciproquement. Car un peuple qui recherche sa vérité dans l'expulsion, l'oppression, voire l'extermination d'autres peuples suscite la lutte existentielle de tous contre tous, et c'est en niant le droit d'existence fondamental d'États qu'il nie en même temps son propre droit d'existence. Il entraîne ainsi son propre dépassement par la négation de soi. La vérité du nationalisme et du racisme entraîne donc nécessairement le conflit entre les nations, s'avère dans celui-ci comme non vrai et engendre ainsi son dépassement dans la forme d'esprit d'une reconnaissance étatique mutuelle.

Ce dépassement[II] de la forme d'esprit nationaliste et raciste dans la compréhension de soi européenne est devenu une forme d'esprit historique dans la mesure où il est aujourd'hui impensable que de jeunes Français, Anglais ou Allemands prennent à nouveau les armes les uns contre les autres. Les jeunes effectuent tout naturellement des voyages linguistiques, des programmes d'échange scolaires, étudient et travaillent dans les pays voisins, alors que la génération des arrière-grands-pères estimait encore que la France et l'Allemagne étaient des ennemis héréditaires.

Le fait que ce temps soit à jamais révolu, que les Européens reconnaissent aujourd'hui mutuellement leur liberté et leur intégrité, est un indice qui montre que Hegel avait peut-être raison quand, contre l'interjection d'Adorno, il considérait l'Histoire comme rationnelle – comme « progrès dans la conscience de la liberté ». Hegel maintiendrait sans doute aujourd'hui cette pensée qui est au cœur de sa philosophie :

> La seule idée qu'apporte la philosophie est cette simple idée de la raison que la *raison* gouverne le monde et que par suite l'[H]istoire universelle est rationnelle. Cette conviction et cette vue, constituent une *présomption* par rapport à l'[H]istoire comme telle […]. [70]

Selon Hegel, la conviction que l'Histoire universelle est rationnelle est donc la condition pour que nous puissions au moins comprendre l'Histoire. Car si l'on considérait à l'inverse que le cours de l'Histoire est irrationnel et qu'il n'a pas de sens, tous les évènements historiques ne seraient que les moments aléatoires, absurdes et spontanés d'une loterie. Or, le fait que nous pouvons parler d'un esprit du temps, d'époques et de traditions, est déjà un indice en faveur de l'hypothèse hégélienne d'une logique au sein de l'Histoire.

À quoi nous sert aujourd'hui la découverte de Hegel ?

En effet, plus personne aujourd'hui n'affirmerait sérieusement que les évènements historiques sont purement spontanés et dénués de contexte. Partant, la thèse de Hegel selon laquelle il existe dans l'Histoire, malgré tous les revers, un progrès reconnaissable ou un déploiement de la raison, demeure plausible. Si la question de savoir si ce progrès suit chaque fois un triple mouvement dialectique de thèse, d'antithèse et de synthèse reste ouverte, la découverte hégélienne que les époques se construisent les unes sur les autres garde toute sa pertinence.

Mais à quoi nous sert cette découverte ? Quelles conséquences pratiques peut-elle avoir pour nous ? Pouvons-nous rester les bras croisés et attendre de voir comment la raison se déploie dans la société ?

Penser dialectiquement, c'est penser de façon critique

La philosophie de Hegel n'admet finalement qu'une seule réponse. Nous pouvons et devons, nous aussi, en tant qu'individus, promouvoir la raison dans l'Histoire. Un exemple concret permet d'illustrer au mieux cette assertion. L'ancien président soviétique Mikhaïl Gorbatchev a dit un jour la petite phrase suivante, qui a fait le tour du monde : « La vie punit celui qui arrive trop tard ».

L'interprète vedette traduisit littéralement l'avertissement de Gorbatchev de la manière suivante : « J'estime qu'il est important de ne pas manquer le moment et de ne rater aucune occasion [...]. Si nous sommes à la traîne, la vie nous punit immédiatement. » Cette phrase exprime de manière impressionnante l'interaction hégélienne de la conscience individuelle et de l'Esprit du monde. Du reste, la phrase ne fonctionne que sur la base de la pensée hégélienne. Car d'un côté, l'individu peut décider en toute liberté de ce qu'il veut faire, mais de l'autre, s'il ne fait pas à temps ce que la raison exige, il sera dépassé et puni par les changements de la vie et donc par l'Esprit du monde de l'Histoire. Cette phrase aurait très bien pu être formulée comme ceci : « L'Histoire punit celui qui arrive trop tard ».

Gorbatchev a adressé cette phrase à Erich Honecker, le dernier chef d'État de la RDA en déclin, l'ancienne république socialiste sur le territoire de l'Allemagne divisée. À cette époque, les citoyens étaient déjà très mécontents des dirigeants et du parti unique qui gouvernaient de façon autoritaire. Gorbatchev perçut que l'économie planifiée socialiste en RDA, mais aussi en Russie et dans d'autres républiques soviétiques, devait être réformée. Avec son programme de « pérestroïka », qui signifie à peu près « changement », il engagea l'ère de la démocratisation et l'ouverture du marché et mit fin à des décennies de conflit Est-Ouest. Toutefois Honecker ne l'écouta pas et maintint obstinément l'économie planifiée socialiste jusqu'à être finalement destitué par son propre peuple et dépassé par les évènements historiques.

Il est dès lors possible de répondre à la question de savoir si nous pouvons participer en tant qu'individus au déploiement de la raison dans l'Histoire et contribuer à en façonner le cours. Oui, nous le pouvons, nous le devons même ! Mikhaïl Gorbatchev avait ainsi perçu la situation historique et agi de façon rationnelle. Il a notamment mis fin à la course à l'armement et peut-être a-t-il même évité au monde une guerre nucléaire. Au sens hégélien, il fut sans conteste une personnalité historique de premier plan dans le monde ; contre la résistance des membres de son propre parti et de ses dirigeants, il a fait ce qu'il estimait juste et ce qui, comme dirait Hegel, était « nécessaire et dont le moment était venu ». Le cours historique dépend donc bel et bien de notre engagement rationnel. Les nombreux citoyens de RDA qui descendirent dans la rue pour lutter pour leur liberté ont eux aussi provoqué le changement par leur engagement courageux. Mais si ce sont en fin de compte les humains qui font l'Histoire, l'action de l'Esprit du monde n'en devient-elle pas superflue ?

Le philosophe Ludwig Feuerbach a effectivement interprété Hegel de cette façon. Selon lui, si Hegel utilisait encore le concept de Dieu, il l'a en même temps rendu superflu en affirmant que le savoir de Dieu n'est finalement que le savoir que l'être humain a de lui-même et de sa propre essence. Feuerbach pose donc la question de savoir si l'on ne peut pas faire tout simplement l'économie de l'Esprit du monde en l'extirpant de la philosophie de Hegel.

Non, on ne le peut pas, comme nous pouvons le voir dans l'exemple d'Erich Honecker. Si l'influence de la conscience d'un seul individu est limitée, la raison historique ne l'est pas. Ainsi, Honecker n'avait par exemple, malgré l'intervention de la police, de l'armée et des services secrets, aucune chance d'empêcher la roue de l'Histoire de tourner. Il ne pouvait plus réprimer la nouvelle vérité qui voulait déjà faire irruption. La soif de liberté des citoyens était trop grande et le temps était mûr pour un changement. Car la raison s'impose dans l'Histoire même lorsque des gens puissants ne la perçoivent pas ou pas encore. Ou, comme dit Hegel :

À quoi nous sert aujourd'hui la découverte de Hegel ?

> Il faut que nous soyons convaincus que le vrai a pour nature de faire irruption quand son temps est venu […]. [71]

L'Histoire a donc bien une vie et une dynamique propres par rapport à l'individu et ses décisions. C'est pourquoi Hegel parle de l'action de l'Esprit du monde rationnel qui, en tant que prétention acharnée à la raison, est plus que la simple somme des actes et pensées individuelles sur la Terre. Hitler a par exemple trouvé beaucoup de partisans pour son idée. Toutefois, comme le vrai a pour nature de faire irruption, et que l'idée de Hitler n'était pas un progrès dans la conscience de la liberté, elle ne pouvait qu'échouer. L'Esprit du monde comme déploiement de la raison ne se laisse pas impressionner par le nombre. L'idée du Reich millénaire de la race aryenne, pourrait-on dire avec Hegel, ne fut réfutée qu'en seulement six années par l'Histoire et donc par l'Esprit du monde, cependant que la détresse et la misère de cet égarement restent à jamais conservées dans la conscience des peuples.

L'Esprit du monde n'est donc finalement rien d'autre que la prétention acharnée de la raison à faire irruption quand son temps est venu. Mais comme les humains ne perçoivent pas toujours ce temps en raison de leurs passions, Hegel distingue encore entre l'Esprit du monde et l'esprit des différents individus, même s'ils suivent tous deux la même dialectique et que l'individu se reconnaît à la fin de l'Histoire dans le mouvement de l'Esprit du monde.

C'est justement parce que l'Histoire connaît des régressions qu'il nous incombe de contribuer au déploiement de la raison, de percevoir la vérité ou, comme dit Hegel, de faire le nécessaire pour qu'une nouvelle forme d'esprit plus élevée succède à l'ancienne forme devenue obsolète. C'est pourquoi il importe pour les humains, selon Hegel,

[...] de connaître cette valeur générale, l'échelon nécessaire, prochain, de leur univers, d'en faire leur fin, d'y consacrer leur énergie. [72]

Il incombe donc à l'individu de percevoir les signes du temps, de ne pas se contenter de ce qui a été atteint historiquement car, selon Hegel, ce que l'on croyait vrai autrefois peut très bien, quelques années plus tard, ne plus être que l'ombre de la vérité. L'entrée dans l'âge du nucléaire, par exemple, fut célébrée comme le début d'une nouvelle ère de prospérité. Mais ce savoir, suite aux catastrophes de centrales nucléaires et aux problèmes de stockage des déchets hautement radioactifs, eut tôt fait de ne plus être qu'une ombre de lui-même dans notre conscience. Au cours de protestations de citoyens s'est alors formée l'antithèse selon laquelle l'énergie nucléaire met plus en péril les bases existentielles de la société qu'elle ne les assure. En synthèse de ce processus dialectique, certains États d'Europe et d'Asie commencent à remplacer l'énergie nucléaire par des énergies renouvelables. Cependant, dans le mouvement dialectique, cette synthèse devient elle-même à nouveau une thèse. Ainsi, la nouvelle forme d'approvisionnement énergétique a entraîné une production massive d'huile de colza destinée à fabriquer du carburant bio, ce qui a causé une pénurie alimentaire. Cette contradiction exige à son tour de nouvelles solutions.

De cette manière, la conscience doit, au sens hégélien, progresser sans cesse à même ses contradictions. Qu'est-ce que cela signifie concrètement ? Penser dialectiquement, c'est penser de façon critique. Nous devons toujours nous mettre en négation et remettre en question la situation existante.

La vie est changement

Avec la dialectique, Hegel ne nous donne pas seulement un outil important pour les temps de grandes mutations sociales ; la connaissance du « devenir » peut aussi jouer un rôle important au niveau tout à fait personnel. La vie est changement permanent. Il est par exemple dans l'essence de notre nature de vieillir et de devoir nous confronter à de nouveaux défis. Un enfant a d'autres problèmes qu'un adolescent ou un adulte. Nous changeons, mais le monde autour de nous se transforme lui aussi à toute vitesse. Or, il est aussi dans l'essence de notre capacité de pensée dialectique de pouvoir accepter ces défis et générer de nouvelles vérités. Car ce que nous estimons absolument rationnel dans une phase de la vie peut, quelques années plus tard, être perçu par nous-mêmes comme irrationnel et remplacé par une nouvelle vérité ou, comme le dit Hegel :

la vie, nos efforts et notre savoir ne se perdent pas, mais restent conservés comme héritage vivant dans les formes d'esprit de générations ultérieures. Et même sans être un personnage historique qui entre dans les annales de l'Histoire, on se rend immortel par son engagement, que ce soit en éduquant des enfants, en transmettant un savoir ou simplement en effectuant un travail socialement nécessaire.

Hegel pour managers

La bourse, le négoce de titres, sont au cœur du capitalisme mondialisé. Sur toutes les grandes places boursières de ce monde, on trouve deux statues de bronze : le taureau et l'ours. Tandis que le taureau symbolise la progression des cours d'un pas lourd et puissant, l'ours représente son antithèse : l'entêtement bourru et le repli dans la tanière.

Tout comme les cours boursiers, l'ensemble de la vie économique est également marqué par la dialectique singulière des périodes d'essor et de croissance conjoncturelles et des phases de stagnation et de récession consécutives. Chaque surproduction débouche sur une contraction. Ainsi l'économie mondiale avance-t-elle à même ses contradictions. Toutes les tentatives scientifiques et politiques d'adoucir l'âpreté de cette dialectique par des programmes de stabilité et de relance économique n'ont une chance de réussir que si l'on parvient à interpréter correctement la situation du moment.

Par ailleurs, il importe aux managers et politiciens de réagir aux changements constants des marchés en modifiant la gamme de produits ou, mieux encore, d'anticiper ces changements. Aussi les grosses entreprises emploient-elles des esprits créatifs dont la seule tâche consiste à prendre la négation de la philosophie de l'entreprise et à concevoir des stratégies et produits contraires. Mercedes, marque connue pour ses limousines gris-noir luxurieuses et puissantes tant en termes d'image que de PS, s'est mise un jour à commercialiser une modeste petite voiture à deux places toute bariolée baptisée du nom évocateur de « Smart » et à conquérir ainsi un tout nouveau groupe cible.

De même, le fondateur américain des croisières Funship aurait lui aussi élaboré son idée commerciale en adoptant, un crayon à la main, une attitude de négation concrète au sens tout hégélien du terme. Sur un bout de papier, il nota d'abord d'un côté tout ce qui caractérise les croisières traditionnelles : caractère sélect, clientèle aisée d'un certain âge, tenues de soirée strictes en noir et blanc, menus à sept plats au restaurant de bord, service distingué, champagne, concerts de musique classique, dîners en présence du capitaine, etc. En face, il écrivit exactement le contraire : accessible à tous, pour revenus moyens et bas, jeunes, jeans, vêtements colorés, cantine self-service, boissons soda, piscines divertissantes et discos branchées. Et pour cette idée, il trouva des investisseurs.

Aujourd'hui, plus de trente bateaux de croisière dédiés au divertissement sillonnent les mers du globe, dont une bonne dizaine sous l'enseigne du club allemand AIDA, qui réalise un chiffre d'affaires annuel de plus de 700 millions d'euros. On pourrait dire avec Hegel que les managers ont perçu ce dont le temps était venu.

Dans le secteur de la publicité et du marketing en particulier, la dialectique hégélienne fait depuis longtemps partie du b.a.-ba de la profession. Dans ce domaine, il est un « must » de ne pas ennuyer les clients et de se mettre constamment en négation par rapport aux thèses, normes culturelles et formes publicitaires existantes. Ainsi, le limonadier Red Bull n'axe pas sa publicité sur le fait que sa boisson étancherait la soif, aurait bon goût, serait bonne pour la santé ou terre à terre. Ce qu'il met en avant, c'est tout le contraire : une boisson synonyme d'aventure, dangereuse, et qui donne même des ailes. Il n'y a pas de limite à l'imagination dialectique.

Dépasser Hegel avec Hegel

La découverte par Hegel du changement permanent et de la dimension du « devenir » fut grandiose. Son analyse de l'Histoire comme déploiement de la raison au sens de la réalisation de la liberté fut tout aussi géniale. En revanche, Hegel comprenait et célébrait l'État de droit constitutionnel prussien comme le plus haut déploiement de cette raison historique. De plus, il considérait que sa propre philosophie de l'esprit était la figure de pensée ultime et donc indépassable.

Nous savons aujourd'hui que l'État constitutionnel prussien de l'époque, aussi tolérant et opérationnel qu'il ait pu être en son temps, ne fut qu'une première étape très modeste sur le chemin vers la démocratie moderne. Nous savons aussi que la philosophie de l'esprit de Hegel ne signifie en rien la fin de la philosophie en général.

Dans les deux cas, Hegel s'est fondamentalement trompé et, malgré tout le respect qu'on lui doit, il s'est bel et bien surestimé immodérément. Mais sa pensée du changement permanent est-elle morte pour autant ? Pouvons-nous oublier Hegel en toute quiétude ?

Il est certain qu'il est resté en deçà de sa propre connaissance du changement permanent. Mais il est également certain que le cœur de sa pensée philosophique perdure néanmoins. Il nous incombe toujours de ne pas nous contenter du monde tel qu'il est, mais de nous mettre en négation constante et de porter l'évolution à un échelon supérieur. Tout changement recèle toujours une occasion d'amélioration. C'est valable dans la sphère privée tout comme dans la société.

Pour tirer parti de la découverte hégélienne du « devenir », nous devons aussi dépasser Hegel avec Hegel. Le dépassant, il nous faut admettre que l'Histoire continue et, avec Hegel, rester ensemble attaché à l'idée que toute époque est une pièce de la mosaïque du grand processus du déploiement de la raison :

> L'[H]istoire universelle est le progrès dans la conscience de la liberté – progrès dont nous avons à reconnaître la nécessité. [77]

Pour ce progrès, nous devons et pouvons à tout moment faire preuve d'imagination dialectique. Penser dialectiquement, c'est penser de façon critique. L'écrivain allemand Berthold Brecht a perçu l'immense force explosive du mouvement dialectique de la pensée. Dans son célèbre poème « Éloge de la dialectique », il encourageait les humains, particulièrement en temps de détresse et d'oppression, à croire en la force du changement dialectique :

« Celui qui vit encore ne doit pas dire : jamais !
Ce qui est assuré n'est pas sûr.
Les choses ne restent pas ce qu'elles sont.
Quand ceux qui règnent auront parlé,
Ceux sur qui ils régnaient parleront [...].
Celui qui a compris pourquoi il en est là,
comment le retenir ?
Les vaincus d'aujourd'hui sont les vainqueurs
de demain
Et jamais devient : aujourd'hui. » [78]

À quoi nous sert aujourd'hui la découverte de Hegel ?

Si Hegel a pu succomber à l'illusion que son propre temps était déjà le couronnement et l'aboutissement du déploiement de la raison, il nous a néanmoins laissé en héritage durable sa grande découverte du « devenir » et l'injonction de contribuer activement au déploiement de la raison, de se mettre en négation par rapport à la vérité en vigueur et de distinguer infatigablement, avec la force de l'entendement, le vrai du contradictoire :

L'activité de dissociation est la force propre et le travail de *l'entendement*, de la plus étonnante et de la plus grande puissance qui soit, ou, pour tout dire : de la puissance absolue. [79]

109

Index des citations

1. Citation, G. W. F. Hegel, Principes de la philosophie du droit, trad. par J.-F. Kervégan, Presses Universitaires de France, 1998, p. 84.
2. Citation, Arthur Schopenhauer, Le monde comme volonté et comme représentation, traduction française par A. Burdeau (1912), édition numérique, p. 979.
3. Citation, Will Durant, Die großen Denker, Orell Füssli Verlag, Zürich 1958, p. 282 (traduction par nos soins).
4. Citation, G. W. F. Hegel, Phénoménologie de l'esprit, traduction par Jean-Pierre Lefebvre, Flammarion, Paris, 2012, p. 70.
5. Citation, G. W. F. Hegel, Leçons sur l'histoire de la philosophie, Introduction : Système et histoire de la philosophie, traduit par J. Gibelin, Éditions Gallimard, Paris, 1954, p. 55.
6. Citation, Phénoménologie de l'esprit, op. cit., p. 77.
7. Citation, G. W. F. Hegel, Leçons sur l'histoire de la philosophie, Introduction : Système et histoire de la philosophie, traduction extraite de l'ouvrage de J. Will, Essai sur la philosophie de Hegel, Éditions F. J. Levrault, Paris, 1836, p. 43.
8. Citation, G. W. F. Hegel, Science de la logique, Livre premier – L'essence, traduit et annoté par B. Bourgeois, Librairie philosophie J. Vrin, Paris, 2016, p. 69.
9. Citation, G. W. F. Hegel, Leçons sur la philosophie de l'histoire, traduit par J. Gibelin, Librairie philosophie J. Vrin, Paris, 1987, pp. 339-340.
10. Citation, Phénoménologie de l'esprit, op. cit., p. 651.
11. G. W. F. Hegel, Leçons sur l'histoire de la philosophie, Introduction : Système et histoire de la philosophie, traduit par J. Gibelin, Éditions Gallimard, Paris, 1954, p. 25.
12. Citation, Leçons sur la philosophie de l'histoire, op. cit., p. 50 (traduction modifiée par nos soins).
13. Citation, Leçons sur l'histoire de la philosophie, Introduction, op. cit., p. 26.
14. Citation, Phénoménologie de l'esprit, op. cit., p. 124.
15. Citation, G. W. F. Hegel, Science de la logique, Livre premier – L'être, traduit et annoté par B. Bourgeois, Librairie philosophie J. Vrin, Paris, 2015, p. 139.

16 Citation, Science de la logique, Livre II, op. cit., p. 139.
17 Citation, Science de la logique, Livre II, op. cit., p. 69.
18 Citation, Science de la logique, Livre II, op. cit., p. 69.
19 Citation, Science de la logique, Livre II, op. cit., p. 69.
20 Citation, Science de la logique, Livre I, op. cit., p. 61.
21 Citation, Science de la logique, Livre I, op. cit., p. 61.
22 Citation, Phénoménologie de l'esprit, op. cit., p. 90.
23 Citation, Phénoménologie de l'esprit, op. cit., p. 90.
24 Citation, Phénoménologie de l'esprit, op. cit., p. 77 (traduction modifiée par nos soins).
25 Citation, Phénoménologie de l'esprit, op. cit., p. 194.
26 Citation, Phénoménologie de l'esprit, op. cit., p. 197.
27 Citation, Phénoménologie de l'esprit, op. cit., p. 202.
28 Citation, Phénoménologie de l'esprit, op. cit., p. 203.
29 Citation, Phénoménologie de l'esprit, op. cit., p. 203.
30 Citation, Phénoménologie de l'esprit, op. cit., p. 204.
31 Citation, Phénoménologie de l'esprit, op. cit., p. 204.
32 Citation, Phénoménologie de l'esprit, op. cit., p. 197.
33 Citation, Phénoménologie de l'esprit, op. cit., p. 195.
34 Citation, Leçons sur l'histoire de la philosophie, Introduction, op. cit., p. 26.
35 Citation, Phénoménologie de l'esprit, op. cit., p. 651.
36 Citation, Leçons sur la philosophie de l'histoire, op. cit., p. 29 (traduction modifiée par nos soins).
37 Citation, Leçons sur la philosophie de l'histoire, op. cit., p. 28 (traduction modifiée par nos soins).
38 Citation, Leçons sur la philosophie de l'histoire, op. cit., p. 27.
39 Citation, Leçons sur la philosophie de l'histoire, op. cit., pp. 27-28.
40 Citation, Encyclopédie des Sciences Philosophiques, Paris, Vrin, 1970, § 552, pp. 472-473.
41 Citation, Principes de la philosophie du droit, op. cit., p. 145.
42 Citation, Principes de la philosophie du droit, op. cit., p. 324.
43 Citation, Principes de la philosophie du droit, op. cit., p. 313.
44 Citation, Principes de la philosophie du droit, op. cit., p. 279.
45 Citation, Leçons sur la philosophie de l'histoire, op. cit., p. 302.
46 Citation, G. W. F. Hegel, Leçons sur la philosophie de la religion, IIIè partie, traduit par J. Gibelin, Librairie philosophique J. Vrin, Paris, 1970, p. 79.

47 Citation, Phénoménologie de l'esprit, op. cit., p. 70.
48 Citation, Leçons sur la philosophie de l'histoire, op. cit., p. 39 (traduction modifiée par nos soins).
49 Citation, Leçons sur la philosophie de l'histoire, op. cit., pp. 35 et 33-34.
50 Citation, Leçons sur la philosophie de l'histoire, op. cit., p. 50.
51 Citation, G. W. F. Hegel, Correspondance, I, traduit par J. Carrère, Éditions Gallimard, Paris, 1962, pp. 114-115.
52 Citation, Leçons sur la philosophie de l'histoire, op. cit., p. 37 (traduction modifiée par nos soins).
53 Citation, Leçons sur la philosophie de l'histoire, op. cit., p. 32 (traduction modifiée par nos soins).
54 Citation, Principes de la philosophie du droit, op. cit., p. 84.
55 Citation, Principes de la philosophie du droit, op. cit., p. 352.
56 Citation, Leçons sur la philosophie de l'histoire, op. cit., p. 33 (traduction modifiée par nos soins).
57 Citation, Phénoménologie de l'esprit, op. cit., p. 121.
58 Citation, Phénoménologie de l'esprit, op. cit., p. 651.
59 Citation, Phénoménologie de l'esprit, op. cit., p. 651.
60 Citation, Phénoménologie de l'esprit, op. cit., p. 195.
61 Citation, Phénoménologie de l'esprit, op. cit., p. 650.
62 Citation, Phénoménologie de l'esprit, op. cit., p. 96.
63 Citation, Phénoménologie de l'esprit, op. cit., p. 610.
64 Citation, Principes de la philosophie du droit, trad. R. Derathé, J. Vrin, 1993.
65 Citation, Leçons sur la philosophie de l'histoire, op. cit., p. 50.
66 Citation, Phénoménologie de l'esprit, op. cit., p. 62.
67 Citation, Phénoménologie de l'esprit, op. cit., p. 62.
68 Citation, Phénoménologie de l'esprit, op. cit., p. 60.
69 Citation, Phénoménologie de l'esprit, op. cit., p. 652.
70 Citation, Leçons sur la philosophie de l'histoire, op. cit., p. 22 (traduction modifiée par nos soins).
71 Citation, Phénoménologie de l'esprit, op. cit., p. 110.
72 Citation, Leçons sur la philosophie de l'histoire, op. cit., p. 35.
73 Citation, Phénoménologie de l'esprit, op. cit., p. 91.
74 Citation, Phénoménologie de l'esprit, op. cit., p. 79.
75 Citation, Phénoménologie de l'esprit, op. cit., pp. 79-80.
76 Citation, Phénoménologie de l'esprit, op. cit., p. 80.

77 Citation, Leçons sur la philosophie de l'histoire, op. cit., p. 28 (traduction modifiée par nos soins).
78 Citation, Bertolt Brecht, Éloge de la dialectique, traduction Maurice Regnaut, version en ligne http://www.maurice-regnaut.com/public/lui/tr/brecht/po_3_067.htm
79 Citation, Phénoménologie de l'esprit, op. cit., p. 79.

I N. d. T. : ce terme ne trouve pas d'équivalent simple en français. Diverses traductions ont été avancées au cours du temps : sublimation, relève, sursomption, dépassement, ainsi que suppression ou abolition – ces deux derniers termes étant contestables dans la mesure où ils n'expriment qu'une seule des trois significations de « Aufhebung ».
II N. d. T. : Voir note 1 sur le triple sens de « Aufhebung » au chapitre intitulé Le triple sens de « Aufhebung ».

Déjà paru dans la même série:

Walther Ziegler
Camus en 60 minutes
1ère èdition janvier 2019
84 pages, Poche, € 9,99
ISBN 9782-3-2210-973-9

Walther Ziegler
Freud en 60 minutes
1ère èdition janvier 2019
88 pages, Poche, € 9,99
ISBN 9782-3-2210-969-2

Walther Ziegler
Hegel en 60 minutes
1ère èdition janvier 2019
124 pages, Poche, € 9,99
ISBN 9782-3-2210-965-4

Walther Ziegler
Kant en 60 minutes
1ère èdition janvier 2019
148 pages, Poche, € 9,99
ISBN 9782-3-2210-962-3

Walther Ziegler
Marx en 60 minutes
1ère èdition janvier 2019
104 pages, Poche, € 9,99
ISBN 9782-3-2210-967-8

Walther Ziegler
Nietzsche en 60 minutes
1ère èdition janvier 2019
152 pages, Poche, € 9,99
ISBN 9782-3-2209-114-0

Walther Ziegler
Platon en 60 minutes
1ère èdition janvier 2019
104 pages, Poche, € 9,99
ISBN 9782-3-2210-956-2

Walther Ziegler
Rousseau en 60 minutes
1ère èdition janvier 2019
104 pages, Poche, € 9,99
ISBN 9782-3-2210-960-9

Walther Ziegler
Sartre en 60 minutes
1ère èdition janvier 2019
116 pages, Poche, € 9,99
ISBN 9782-3-2210-971-5

Walther Ziegler
Smith en 60 minutes
1ère èdition janvier 2019
100 pages, Poche, € 9,99
ISBN 9782-3-2210-958-6

À paraître dans la même série:

Walther Ziegler
Adorno en 60 minutes

Walther Ziegler
Arendt en 60 minutes

Walther Ziegler
Habermas en 60 minutes

Walther Ziegler
Foucault en 60 minutes

Walther Ziegler
Heidegger en 60 minutes

Walther Ziegler
Hobbes en 60 minutes

Walther Ziegler
Popper en 60 minutes

Walther Ziegler
Rawls en 60 minutes

Walther Ziegler
Schopenhauer en 60 minutes

Walther Ziegler
Wittgenstein en 60 minutes

Auteur:

Walther Ziegler est professeur d'université et docteur en philosophie. En tant que correspondant à l'étranger, reporter et directeur de l'information de la chaîne de télévision allemande ProSieben, il a produit des films sur tous les continents. Ses reportages ont été récompensés par plusieurs prix. En 2007, il prit la direction de la « Medienakademie » à Munich, une Université des Sciences Appliquées et y forme depuis des cinéastes et des journalistes. Il est l'auteur de nombreux ouvrages philosophiques, qui ont été publiés en plusieurs langues dans le monde entier. Dans sa qualité de journaliste de longue date, il parvient à résumer la pensée complexe des grands philosophes de manière passionnante et accessible à tous.